折返

山徑、公路與鐵道，
往復內心與荒野的旅程

目錄

原來徒步可以這麼簡單又那麼難

川貝母

跟著阿泰與呆呆爬山有兩次，一是日本妙高的火打山與立山連峰縱走，二是清邁健行。兩段行程風格迥異，立山連峰是絕景一個接一個來，清邁則是緩緩地用樸實的風土人情讓整趟健行充滿感動，一直延續到回國後仍久久未散。

這一切始於一個微小的契機，當時在討論工作的時候，得知他們即將去日本，我脫口說也好想去日本爬山喔，結果呆呆就不假思索地問我要不要去？於是就瞬間成行了。好幾次走在步道上心裡還會想著：我怎麼會跟他們一起爬山呢？從一個因為合作書籍插畫而認識的友人，轉變成強力山友，我默默跟在後面吸收一些登山與裝備知識，收穫良多。

最有趣的是同行的友人都喜歡拍照，每個人捕捉的重點不同。阿泰總是能很快地找到最佳位置，不多不少懂得取捨，感覺拍照的過程已經對日後的遊記撰寫有了底。室內設計背景的Y君觀察敏銳鉅細靡遺，再普通的場景被他一拍好像都有那麼一回事，若有遺忘的細節，回頭找他的照片準沒錯。呆呆最神秘，本以為已經在粉絲頁分享完了，卻在許久的某日個人臉書上貼出一張出眾優異乍看不知道是那裡的照片，但卻是我們一起走過的地方。看著他們的照片常常會發現自己遺漏的風景，有時甚至會覺得我真的有走在一起嗎的驚嘆，這裡並不是指照片取景跟現實有極大的落差，而是檢討自己是不是因為疲累而降低了對四周的敏銳度。不過也因此後來有點偷懶，想說反正他們都會拍，便雙手插口袋放心地走著（笑）。有會拍照的朋友不管在平地或山上都很重要。

結束立山連峰縱走回國後我陷入了一種軟爛狀態，精神恍恍惚惚，感覺身體在臺灣靈魂卻還在立山的步道走著，簡單說是不想工作。但若是旅行後的疲勞還可以理解，卻連爬山都興致缺缺了，這讓我感到疑惑。後來想，也許是風景的胃口被養大了。雖然之前去過尼泊爾EBC，但那是半個月以上的行程，足夠從美景中脫離，立山則是短短的三天兩夜，加上一週的天氣預報都是雨天，卻在主要的健行日放晴了，更加大了立山行的特殊性。別山、真砂岳、富士ノ折立、大汝山、雄山，百名山毫不客氣接連轟炸著視覺，加上時而雲霧繚繞與最後難忘的雲瀑夕陽，大自然把山的各種面貌無私地都在一天之內給了我們，回來被這些景象盤據腦海，深怕輕易就忘記當時的感受。

調整這個心態，是聽到他們即將從家鄉鹿港走到玉山，也就是「從零開始」的計畫。知道時心裡震了一下，原來徒步可以這樣設定，這麼簡單又那麼難。他們在粉絲頁宣布這個計畫時短時間內湧入了許多留言鼓勵，我想大家應該都一樣被「走就對了」的觀念感動著。後來每天都會看到他們更新進度，從阿泰戲稱行腳美食節目般的城市走到往塔塔加的無人山路，身體好像一步步褪去某些東西，朝自然更近一些。

清邁之旅則是我們一致同意在身體與心靈上都得到相當程度的滿足，參加健行的夥伴們回國後都無私地將路線與遊記分享給大家。之所以會那麼強烈，我想是因為過程中很紮實的碰觸了土地，除了很直接地身體睡在山野，更重要是主辦者的理念，沒有過度設計的健行原來是那麼單純而有深度。阿泰多次提及原鄉鹿港海邊對他的影響，我覺得清邁健行也有這樣的感覺，它形成一股隱形的力量在心中鼓舞著自己，在日後灰暗提不起勁時，提醒著我還有很多地方值得去體驗。

有時，離開只是想看清楚離開之處

呆呆

我很喜歡透過飛機窗戶觀看起降的過程，起飛時整個地景由大到小直至消失，降落時家鄉的景色又再度填滿窗戶。爬山、健行亦是，逐步累積到一定程度的海拔、里程時，總忍不住頻頻回首讚嘆「我們是從那裡走過來的！」抵達折返點，回程再度看到離開時的景色，即使只是一兩天的行程，也能感受到內外在微妙的變化。也許旅行的折返點在哪從來不是重點，因為**有時，離開只是想看清楚離開之處**。

出版《山知道》與《步知道》過程中，我們常因為討論書的內容而有所爭執。這本《折返》也不例外。經歷幾次爭吵後，我便決心不再參與內容討論，以免影響兩人生活，等到累積一定數量的章節後才加入校對。閱讀過程中，常有「獨自」重新走過每趟旅程的感受，因為文章裡很多時候，我不在阿泰的旅程裡。「明明我就坐在副駕啊」「明明我就走在你後面啊」，我是被消失了嗎？其實不然，婚後無論登山、健行或旅行，理所當然都是兩人相伴，過程中偶爾需要獨處時，適當保持內外在的距離，是我們養成的默契，是屬於我們的節奏。書寫《折返》的過程也是，**無論是否有人相伴，也要嘗試獨自消失在旅程裡**，人生也是。

日常

阿泰

清晨自翠池山屋啓程，沿北稜角旁的鞍部下切回到雪山圈谷，傾斜得令人驚懼的雪坡漸趨和緩，胃裡翻攪的不安才跟著平息。原本成一緊密縱隊的夥伴們呈放射狀散開，收拾好幾乎要摔成碎片的思緒，在當日還無人踏過的雪地悠然漫步，各自留下一道細長、篤定的足印。這時在高空伺機已久的巨量雪花才紛紛落下，彷彿是為了慶祝凱旋而歸拋下的彩帶，翩然飛舞在一號圈谷，宣告旅途的圓滿。接下來只需要回到三六九山莊，隔天就能下山返家。

我鬆了一口氣，回憶起好幾年前第一次走上雪山的情景。那天元旦，寒流極冷。印象非常深刻的細節是，從七卡山莊走到三六九山莊時，水瓶裡的熱咖啡竟然結凍了——往後即使遭遇再怎麼酷寒的天候，也從來未有如此情景出現。許多隊友選擇折返，但我沒有放棄，持續穿過黑森林到達圈谷，獨自循著模糊路跡往主峰前進。路上積雪頗深，沒有嚮導領路，沒有套上冰爪，連背包都不在身上。那時年輕，對山仍然懵懂，不知路遙也不知疲勞，更不懂安危，莽撞的精神意識凌駕疲憊的身體，整個人像是餓了太久的猛獸，一股腦地往獵物的方向直撲。登頂後，一個人呈大字型躺在一塊柔軟的雪地上，很安靜，只有心跳的聲音。回神後看著藍到發黑的天空，初次意識到和山建立關係是自己的事情，與他人無關。那一刻，「山」這巨大的物體才終於真正地進駐我微小的心裡，重重地壓著，再也移不開。

但和兩性關係一樣，無論一條路走了幾回，換得多少次感官的新陳代謝，身體永遠只有一次初戀的機會。於是為了重新捕捉那份快感，登山成為一種競賽，開發新的路線、追逐新的高度，不探討為什麼非得登頂，只相信那是唯一要抵達的地方，不曾懷疑。過了幾年，經過長距離步道的洗禮，透過全程徒步者這個角色，對於「登頂」，或者廣義的「走到終點」這個無意識的行為有了新的詮釋。我因此理解，在任一座山峰登頂，或是走到任何一處路徑的盡頭之時，心裡那股激動的起點緣自何方。

全程徒步的定義是，在時間有限的健行季節，從起點走到終點，一次完成一段長距離步道。而它的魅力在於清楚知道上一秒剛踏過的土地，有可能這輩子再也不會重返。這賦予步行者不斷向過去告別的處境，目光只凝視前方，每一步都往新的世界推進。所以站在山頂、鞍部、啞口，任何一處高點，回望時才會驚覺於漫漫長路堆疊的神聖與純粹。

而不論距離有多麼遙遠，一條步道既然被命名，被畫上編號，被文明收編，那遠方就一定有終點。終點也許是一塊巨石，也許是一根圓木，是人類塑造的膜拜對象，藉由一個可以被觀察到的紮實物體，讓步行者清楚明白往後不再有未竟之路，於是能夠停下腳步，停止那單調重複的肢體行為，一路上不斷被掏空的心智終於獲得填滿。我們必須扶著它，觸摸它，否則，一股巨大能量穿過之時，將沒有任何支撐物能讓身體站穩。想想，如果馬拉松跑道的終點沒有停止線，跑者該何去何從？

登山者在山上可同時扮演許多角色，哲學家、歷史學家、植物學家、動物學家、地質學家，為了採集各種形式的素材進入山林，有各種不同目的（即使毫無目的也是一種目的）。但共通點是，在每位行者的潛意識裡，不間斷地行走以致終點，是為了滿足一個「完成」的解脫。這不等同於因疲倦而停下的歇息，無論是官方或自己設下的終點，無論終點是否具有實體，「抵達目的地」就是行者的宿命（但絕非義務）。

於是一直到最近，才終於理解自己並非熱愛登山，而是鍾情徒步。如果步道在山上，就往山上走，如果步道在鄉野，就往鄉野去。層層簡化後，發現我所追求的，其實僅是把生活的節奏與步伐的韻律合為一體，將自然淡化為平凡的日常，就像回家後會換上拖鞋、打開冰箱一樣稀鬆平常。

二〇一六年的 PCT 徒步之旅一直影響著我，我雖不刻意閃躲，卻也不想讓它持續滲透，然而那段經歷確實已流入血脈，於是在這本書裡不斷回顧、參照，為了驗證，也為了翻出新的想法，所以持續在鐵道、公路和山徑裡頭尋找答案，卻發現追求的事物仍一如初衷，或者說答案早已了然於心，只是透過不同的方式再三證明。因此這一整本書可以說是《步知道》的後記，用十一萬字去延伸那四千公里的旅程。

旅行就是走出家門，是一個折返的過程，從內心走到戶外，再從戶外返回內心。此刻的終點是下一個起點，如此反覆。無論在山徑、公路或鐵道；無論在曠野、都市或人群，我們一直都在尋找家的影子。

關於 PCT

太平洋屋脊步道（Pacific Crest Trail，簡稱 PCT）縱貫美國西岸，全長約四千兩百公里，起點在加州與墨西哥的邊界，終點在華盛頓州與加拿大國境的七十八號紀念碑。步道途經二十五個國家森林和七座國家公園，是美國三大長程健行路線之一。自一九六八年設立至今，為維護原始景觀與自然環境，只供步行或騎馬通過。在加州內華達山脈與約翰繆爾小徑（John Muir Trail）有三百公里的重疊，由崇山峻嶺包圍的高海拔湖泊，絕美的景色被譽為整段步道的精華。多變的景觀和豐富的人文特色，每年吸引數千位來自世界各地的挑戰者，單日至少徒步三十公里以上，從春天走到秋天，穿越沙漠、森林、雪地，行經瀑布、峽谷、湖泊，以平均五個月的時間完成步道，是耐力、體力和意志力的綜合考驗。我們在二〇一六年的四月出發，九月抵達，全程耗時一百六十天的紀錄皆收錄在《步知道》一書。

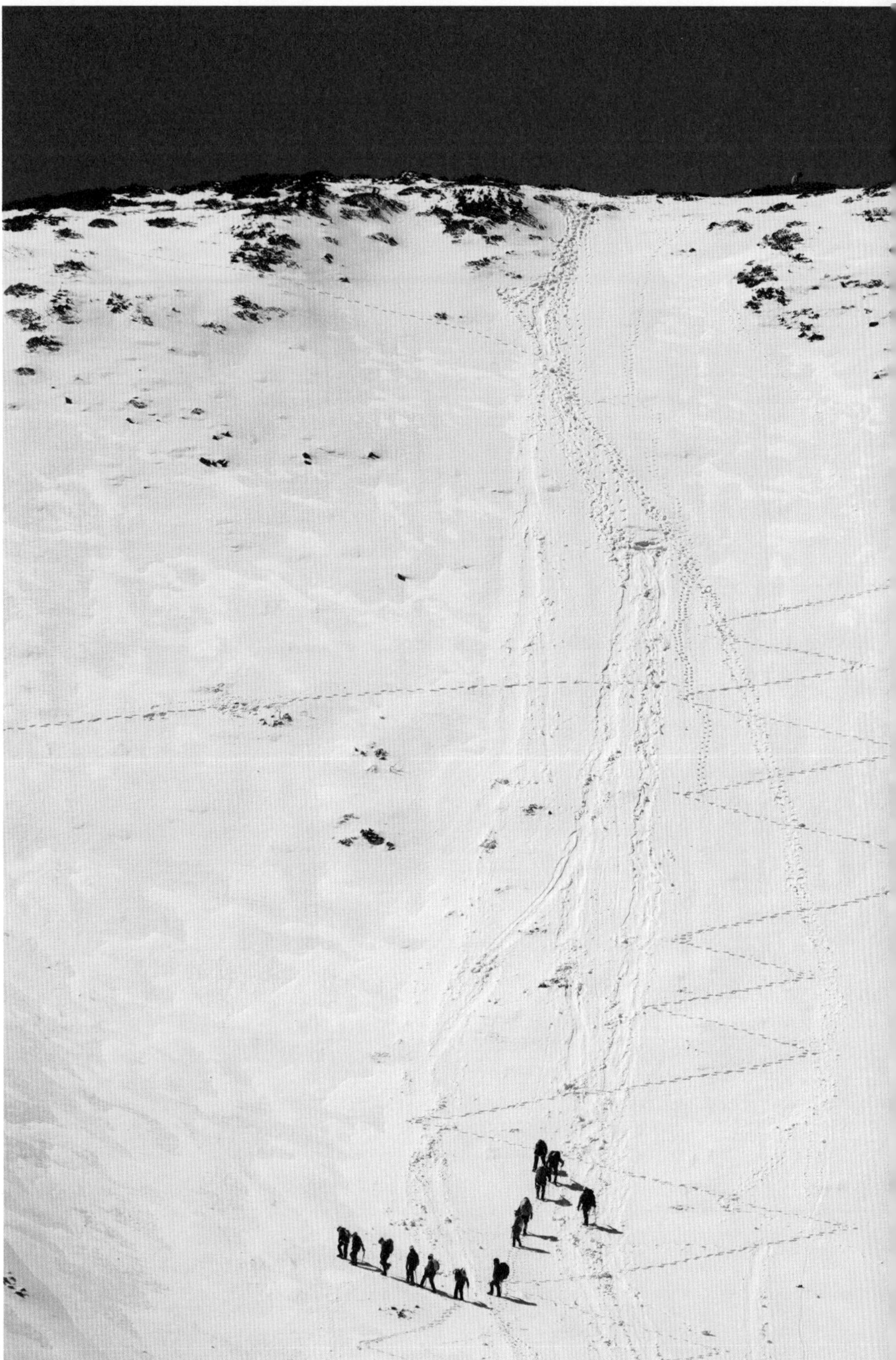

01 愛唱山歌就開聲

樟之細路——

這是記憶中在臺灣所經歷過最寒冷的冬天。不在海拔最高的山巔，也不在大雪最深的圈谷，而是在新竹關西的街道。刺骨穿髓的冷冽讓人餘悸猶存，往後再有如鬼魅般的寒氣逼人時，總會以這場冬雨作為比較的基準點——現在有「當時」那麼冷嗎？不，差遠了——彷彿那是一場慘烈的戰役，得掛在嘴上一二十載才能釋懷。然而那卻也是在臺灣走過最溫暖的旅行，像是咖啡杯裡殘留的印漬，或是沙發的某一處凹陷，成為不可復返的生命痕跡。

更精確地說，這趟旅程並非發生在一個特定的地點，而是一條由北向南的長距離步道，名字叫做樟之細路[*1]。路線大致沿著以客家聚落為主的臺三線公路，跨越桃園、新竹、苗栗和臺中四個縣市，縱向串聯舊有的古道，並結合現今仍在使用的農路、小徑和郊山步道，歷經千里步道協會近五十多次探訪踏查，一點一滴建構出來的長程步道。全長約四百公里，我們取其中一節由新竹關西到苗栗獅潭的路段，約一百多公里的距離，以徒步旅行的方式，深入客家人的傳統生活空間。

若以字義來解析「樟之細路」（Raknus Selu Trail），「樟」字代表「樟腦」，「細路」就是客家話的小路；英文名稱中的「Raknus」意指「樟樹」，由泰雅族語的「knus」和賽夏族語的「rakes」所組成，「Selu」就是客語「細路」的發音，巧妙地結合了三個族群的音韻。步道的命名很有意境，道盡臺三線過去盛產樟腦的光榮歷史，是一條兼具文化內涵與自然地景的長距離步道。

現今一般人熟知的臺三線公路，沿線的山麓地帶在明清和日治時期是漢人與原住民彼此互不侵犯的分水嶺，最早可追溯至十七世紀，擊退荷蘭人的鄭氏父子將大陸沿海居民引進臺灣開墾，同時將蒸餾樟腦的技術輸入至西北部的淺山地帶，也就是平埔族道卡斯族、巴宰族，與賽夏、泰雅族的生活範圍，有豐富的林產和物產，如樟木、黃藤和鹿皮。當時閩客移民為

1　「樟之細路」由國發會主持，後改為由千里步道協會倡議規畫，國發會主導的國家綠道計畫。路線北起桃園的龍潭，新竹的關西、新埔、芎林、橫山、竹東、北埔、峨眉，苗栗的三灣、南庄、頭屋、獅潭、公館、大湖、卓蘭，最後延伸到臺中的東勢，路徑大致與臺三線公路平行並偶有交錯。本路線之勘定與本文之校正有賴千里步道協會之銘謙與思維協助，特此感謝。

了擴大屯墾的土地並獲得更多資源，不時越界至原住民領地而引起糾紛。於是康熙時代，清廷承襲鄭氏政權設立的防線，在各重要山口建設據點或立定界碑，藉此劃分原漢的生活界線，並將極有經濟產值的樟腦業收歸國有，實行專賣制度。清政府禁止民間私自煉腦，這連帶影響了以樟腦為業的客家聚落生計，為了躲避官府查緝，也為了因應人口增加必須獲取更多資源，客家人只得往更深的山區移動，因此再度提高與原住民的衝突。進入乾隆時期，當地衙門以挖溝推土的方式，建構一條實質的防禦界線。當時的土堆俗稱「土牛」，所以那道人工溝渠也叫「土牛溝」，在歷史上則稱為「土牛番界」。

清末至日治時代，樟腦依然是官辦產業，而且成為重要的出口產物，是非常受到倚賴的經濟來源。在當時，臺灣最大出口品有三樣：蔗糖、茶葉和樟腦，其中茶葉和樟腦的產線大多分布於現今臺三線一帶，樟腦的出口量之多甚至躍居世界第一，約佔全球總產量的百分之七十。樟腦的重要性在當時就如同現今的石油，是香料、賽璐璐底片、無煙火藥、防腐劑等各種製品的原物料，也是質地良好的建材，可用於建築、家具或戰船的製造。於是為了搶奪珍貴的樟腦資源，日本總督府擴大自劉銘傳設下的隘勇線，並以此為補給據點，與原住民發生多次因樟腦而起的衝突和戰爭。

樟樹的生長範圍多在低海拔的丘陵地帶，和原住民的生活圈重疊，但因為木材笨重無法運送（據當時的紀錄顯示，提煉四斤樟腦得用掉兩百斤樟木），想要製造樟腦，就必須在樟樹林原地設置「腦灶」，客家男子得一邊提防原住民獵首，一邊固守在高溫的炊桶旁，是非常辛苦艱困的工作。但是由於產量豐盛，被稱為「羅漢腳」的單身腦丁收入日增，煮樟開始轉型為以家庭為單位扶持的產業，進出山區的路跡變得越來越明顯，人口聚集後形成一個又一個內山聚落。彼時山區炊煙裊裊，有農地、茶園、果樹和炭窯、腦寮，山窩聚落的居民為了將產物運輸到渡口，著手建設多條運補路網，讓物資能透過水路北上，然後經大稻埕碼頭出口至世界各地。可以這麼說，樟腦不僅讓客家人在異地安身立命，也連帶提升了社會經濟地位，各方面來說都具有非常獨特的意義。

只是二戰後全球進入石化時代，石油成為炙手可熱的黑金，曾經的樟腦王國就這樣漸漸淡出世界舞台。原本熙來攘往的商路慢慢鋪上一層厚厚的苔蘚，樹根盤踞石階，雜草覆蓋糯米拱橋。而客家人喜愛種植的桂竹和麻竹，從原本食用、工藝和建築的需求，轉變成一道密不透光的天然圍籬，將繁華的過去塵封在淹沒的故道。臺三線承載這麼一段與國際接軌的豐厚歷史，也是孕育在地客家文化的搖床，在快速公路崛起後，這條蜿蜒曲折的內山公路，反而因此保留了純樸的農家生活，成為臺灣一處難得的人文風景。

在山區健行兩天、三天或者十公里、二十公里，對比在長程步道連續走上一個月、一百公里的感官啟發絕對不同。如此斷言不像我的個性，因為這難免讓人覺得被佔了便宜，好比「看不到最美的風景，是因為站得不夠高」這種例句。並非如此，我沒有意圖要站在某種優

攝影／高偉翔

勢地位去評論或比較，畢竟不是每個人都想要登高山、需要走長路。會有這樣的見解，純粹是因為一種近似傳教的期許。

走過幾條步道，逐漸理解雙腳是一種轉化維度的工具，它將原本陌生的地理名詞，翻譯成獨具個人意義的篇章，每當感到困頓、疑惑或徬徨，就能將這些珍貴的回憶從檔案櫃開啟，重新踱入故道。而步道和所有路徑一樣，本質是連結，連結文明和荒野，連結內在和外在，連結過去與未來，當行走的距離拉長、速度放慢，眼前展開的不只是山水的衝擊，更接近一場心靈的重啟。箇中美好實在太難用三言兩語形容，如果將步道寫成一本書，很有可能會擺滿一整個書櫃，而這座書櫃的尺寸無邊無際，巨大地用無法用一輩子的時間讀完。

長距離徒步的美好經驗是否能夠在故鄉臺灣重新複製？我時常在異地徒步旅行時思考這個問題，但後來發現，重點也許並不在能否「複製」，路已經在那兒了，就在身邊，像血脈一樣擴展在這座島嶼的每個角落，不需要花太多時間找答案，最快的捷徑就是走出去，踏上看來稀鬆平常的原野、故土、舊路，理解家鄉和世界的線索就在其中。

啟程的前一晚，按照計畫由朋友接送到新竹關西南山里的羅屋書院，那是樟之細路會經過的重要景點，我們打算留宿一晚後，由此地出發到距離鎮上不遠的東安古橋，也就是這次路線設定的起點。「羅屋」顧名思義是羅家人的老屋，一棟有百年歷史的三合院古厝，早期人稱「河背大樹下新屋」，是羅氏家族辦學的私塾，屋內外有精緻的石雕和壁畫，精細的工法讓人看得出神，一磚一瓦與每一處斑駁的牆面，都是電影《悲情城市》裡出現過的場景。

屋主羅仕龍先生要我們早點過去集合，他說今晚有一場派對，會席上有久未見面的老友，如果能一起同樂就太好了。熱情的邀約讓我有些卻步，擔心無法融入陌生的人群與環境，害怕拘謹的個性會讓熱絡的氣氛降溫。不過老屋有一股獨特的氣息，步入稻埕就能嗅到濃縮的老時光，像下雨時土壤傳出讓人心安的腐臭味[*2]。根據研究，相較視覺和聽覺，嗅覺捕捉的氣味往往更能直接觸及大腦的海馬迴，我回憶起小時候的外婆家也是一座三合院，廚房裡有一座總是燒得火紅的爐灶，紅磚經年累月焚燒過的淡淡焦香味正是羅屋傳出的味道。嗅覺喚醒了溫暖的記憶，寒流過境的冬夜因此稍微暖和了一些。我推開斑駁的大門，發現聚會就在正廳，一張大木桌陳列在祭祀祖先的祖堂，座席上多是羅先生的好友，也有遠道自捷克過來找茶的年輕人，他希望能將客家的茶葉進口到家鄉。

具體聊天的內容大多沒有印象，只記得在二胡、吉他和卡拉OK，以及所有喧嘩的人聲都靜止時，一曲清脆溫潤的客家山歌忽然迴盪在整座伙房。或者說，是毫無預期的吟唱讓所有聲音戛然而止。西方人認為，群眾間突如其來的沉默是因為有天使經過，不曉得天使懂不懂客家話？因為對身為閩南人的我們來說，客家話像是異國的語言，得以用直覺欣賞而不受辭意侷限。

歌聲來自郝爸爸，自嘲當年五燈獎已闖到五度四關，卻因為收視率下滑而決定停播，讓他的歌唱生涯從此停留在業餘階段。他說：「我這嗓子不行了，喉嚨長繭，過幾天就得開刀。」這番話實在太過謙虛了，明明從他嘹亮的歌聲裡仍可聽見飽滿的生命力，而且山歌繚繞的餘韻像夜空裡輕舞的山嵐，久久不散，和那隆冬夜裡的苦雨，交織為我對臺三線最鮮明，也最懷念的記憶。

翌日，寒流襲臺的二月天，氣溫極低，下了一夜的冷雨直到早上依然沒停，新竹的北風毫無節制地哭喊。又濕又凍，空氣像碎掉的玻璃，吸進鼻子惹來一陣刺痛，只要張嘴就呼出濃濃的霧氣，像剛剛打開的蒸籠。氣象預報顯示的溫度是攝氏五度，但體感接近零度，對即將遠行的人是身心的一大考驗。很難相信在臺灣淺山會有如此低溫。

自造型典雅的東安古橋出發，但走不到五百公尺便耐不住冷，在豆漿店吃掉一籠冒著熱氣的包子，接著走到關西菜市場，和坐在路口擺攤的阿婆買了一斤剛摘下的柑橘，挑了六顆，秤過斤兩要價四十五塊。

---

2 雨水落在土壤產生的土臭味有個英文專有名詞叫「Petrichor」，中文正式名稱為「潮土油」，也有人稱為「土霉味」（geosmin）。

攝影／高偉翔

攝影／高偉翔

「再買一顆湊五十塊啦！」阿婆說。

「當然沒問題呀。」於是呆呆掏出一枚硬幣放到阿婆手心，順勢接過一大袋橘子後立刻一股腦地塞進我的背包網袋。

「……」面對這突如其來的背負重量，我真心覺得以後徒步還是不要亂買水果好了。

買完橘子，順步到老街上的茶行喝杯暖心又暖胃的野茶，一杯接著一杯，很明顯是不想面對外頭的淒風苦雨。算算這不到一公里的路程，竟走了一小時之久。雨仍舊未停，腦中不只出現過一次為什麼不好好待在家裡的念頭。

法國哲學家布萊茲．帕斯卡（Blaise Pascal）在十七世紀時便發現一個道理：「人類所有的痛苦，都源自於無法獨自一人安靜地待在房間裡。」換言之，人無法承受時間過久的無聊，即使獨自一人隱居在華爾登湖的梭羅表示：「我似乎有著自己的太陽、月亮和星星，似乎有著一個完全屬於我自己的小世界。」但我猜想，他必然也會感到某種程度的無聊，只是那並非來自欠缺與人接觸的孤獨，而是因為孤獨而萌生向外探索的渴望。細數過去在深山過夜的經驗，無論是舒適宜人的山屋，或是世界各處的荒野營地，都曾萌生「要是能一直待在這裡該有多好」的念頭，但事實上，通常最多待上兩天心情就感到浮動，非得要起身去某個地方走走、看看。

我想，是不是這副身體被創造的時候，就已經背負著必須維持移動狀態的命運。只要稍有怠惰，隨之而來的病症和毛病就像毒一樣累積在體內各處，唯有透過持續走動才能將之代謝。而雖然人類在演化過程中獲得智慧，懂得發明各種工具讓生活過得更快速、更便利，於是有了公路、捷運和手機，但很諷刺地，我們卻依然擺脫不掉生而為人的初始設定——想要走路，走一條長長的路。若以宿命的論點來看，這像是一場悲劇，不免聯想到希臘神話裡每天推石頭上山的薛西弗斯，但我傾向樂觀看待，樂意接受這項步行者的義務。

潮濕的柏油路黑得發亮，渺渺雲霧圍繞在一旁的茶園，不知名的蜿蜒農路，銜接一座又一座的山窩和寮坑。在客家人的地理用語裡，「坑」字有河流的意思，這天路上經過的樟腦寮坑、燥坑、鹿寮坑，都是依山傍水的小村落；而「窩」字指的是三面環山，只有一個出入口的山谷，早期居民利用流經的山泉溪流建立灌溉系統，在隱密的谷地裡形成聚落，得偏離幹道往小徑走去才能發現另一處風景。這些地方大多像個盤坐的隱士，不輕易受到打擾，而環繞周圍的山嵐霧氣似乎是永恆固定的風景，籠罩著每一窩每一坑，有如東北角的陰陽海，明顯劃出一條界線將過去和未來隔開，卻在界線的邊緣有模糊不清的交疊，如同一團時空的鏖戰，分不清是過去極力抵禦未來，還是未來想要統合過去。如果一個地方只剩名字供人憑弔，那跟銅像或石雕已沒有分別，死掉的東西很難長出新的花朵。還好顯伯公廟的香火不受分界的限制，一縷輕煙，牽起與人間的一絲聯繫。

第二天的雨勢稍微停歇，清早甚至一度被陽光刺到眼睛都睜不開。只可惜日照太短，天空很快就恢復成霧濛濛一片，走出投宿的燒炭窩，冷風仍肆無忌憚地吹打。我把風衣的帽子戴上，拉緊領口。

行經九讚頭，進入竹三五鄉道往豐鄉村前進，當地有一座大山背人文生態館，騎龍古道入口就在一旁，預計走完後途經樂善堂，銜接至茶亭古道後回到橫山鄉過夜。這是當時村民往來大山背和橫山市區的交通路線，湮滅多年後才重新整理出一段軌跡尚存的小徑，沿途可經風華猶存的百年石階和糯米橋。

生態館的前身是已廢校多年的豐鄉國小，也是知名漫畫家劉興欽的母校，他其中一部作品《放牛校長與阿欽》的背景設定就在此地。舊時農家普遍貧窮，而大山背地處偏遠，孩童上學得跋山涉水，若要兼顧農活和課業並非易事。漫畫內容敘述當時的陳勝富校長為了鼓勵農家子弟專心課業，自願協助孩子放牛吃草，因此博得「放牛校長」之名。這樣的故事背景現在看來有點不可思議，但可以透過一句客家諺語來想像當時的情景：「嫁妹莫嫁竹頭背，毋係番藷就係豬菜。」大意是指切莫將女兒嫁到偏遠的山區，否則下半輩子只能吃地瓜或是豬菜過活，日子會過得很苦。「竹頭背」意指偏遠竹林背後的山區，所以「大山背」這個地名的由來就是指一座大山後的深山，對外交通之不便可想而知。

背著重裝跋涉穿越古道，抵達橫山鄉時天色已暗，這時狀況發生，原本要提供住宿的聯絡人竟然失聯，連續打了幾個小時的電話都沒有回應，走投無路下只好硬著頭皮走進警察局，

攝影／高偉翔

攝影／高偉翔

試著打聽周遭是否有適合投宿的地方，否則依照當時情況恐怕得露宿街頭。還好在警局門口巧遇熱心的陳先生，得知我們的窘況後，願意大方提供自家客房讓人過夜。天寒地凍，又累又餓，臉皮很容易因此變厚，謝謝陳先生的好意後便拎著背包上他車子，幾乎沒有一點猶豫。

被陌生人撿回家不是頭一遭了。一起晚餐後回到客廳聊天，我提起以前騎單車在臺東旅行的往事。那時候沒有智慧手機無法查看網路地圖，騎到池上鄉後找不到住宿點，一位熱心的阿姨停下機車詢問是否需要協助，聊到後來，甚至直接邀請我回她家打地鋪過了一夜。這經歷一輩子都記在心上，雖然記憶裡阿姨的模樣早已模糊，不過每次經過池上時，總不忘確認那時候停下的路口在何處，甚至想要找到那位阿姨的身影，雖然明知這是不可能的事情。我告訴陳先生，開車經過橫山這麼多次從來沒有停過，也沒有跟這地方有任何交集，但是往後路過橫山的時候，永遠都會記得有這麼一段邂逅，而橫山對我來說，也不再只是一個陌生的地名，而是一塊與記憶連結的土地。最後聊起豐鄉國小，得知我們是從大山背翻過來時，陳先生突然眼睛一亮並露出微笑，他說：「放牛校長的故事知道嗎？他可是我親叔叔啊！」

至於為什麼會被放鴿子呢？事後經過轉述我們才知道，原本答應提供住宿的先生，其實當天在自己的婚禮上被灌醉了，不醒人事，當然連電話也無法應付。雖然哭笑不得，但完全可以體諒。

隔天清早天還沒全亮時就從陳先生家裡離開，路燈尚未熄滅，老街上的傳統早餐店冒出一陣一陣的蒸氣。好久沒有在這麼早的時間喝一碗熱豆漿了，上前買了芋頭粿、加蛋蔥抓餅，走到旁邊的橫山小學司令台上用餐。操場上的阿伯阿婆繞著圈圈緩緩步行，在轉到第八圈的時候，食物吃完了，悠閒的早餐時光結束，扛起背包前往竹東市區，接著轉進軟橋社區參觀彩繪村後，由竹三九鄉道往北埔老街移動。

走進有濃濃文化歷史氛圍的老街，陸續參觀百年古蹟慈天宮、金廣福公館和姜氏家廟。趁時間還早，找了間茶莊坐下休息，聽著落在瓦片的滴答雨聲佐擂茶配菜脯餅。百多年前的北埔身為竹塹東南地區首要集散市場，也是清治至日治時代隘勇線上的重要據點，因故時常發生族群衝突。發覺舊時代的臺三線其實並不怎麼浪漫，有榮華的歷史，卻也有殘酷血腥的過去。

旅程已進行了一半，背包裡的橘子還剩下三顆，雨卻依然沒有停過，我們都笑稱也許浪漫臺三線之所以「浪漫」，緣由大概是那道時常繚繞在客家庄的霧雨吧。事後回想，如果沒有這場雨，這段旅程就不會那麼有味道了。

翌日。前一晚看氣象預報說會開始放晴，但是從寄宿的油點草自然農場醒來，外頭的天空仍是迷濛一片，濕冷難耐。農場主人飛鼠哥笑著佩服我們的意志力，用客家話說了句諺語「打狗毋出門」，意思就是：這麼差的天氣，即使賴在家裡的狗兒被毒打一頓，牠也不會願意離開家門。

雨一直下，彷彿下了一世紀那麼久。我羨慕在火爐旁取暖的小黑狗，牠身上的幼毛都還沒長齊就被柴火燒焦了，像燙捲的頭髮，模樣非常可愛。等到時間接近中午，再不起身可能真的要被痛扁才想出門了，於是飛鼠哥領著我們走一條「石硬子古道」從南坑接到獅頭山，路上有殘存的駁坎和醬油瓶，也有山豬剛剛踏過的新鮮足跡。

但要說它是「古道」也不甚正確，這裡其實不過是幾十年前當地人常走的山徑，運油、茶、煤，或是看病、採買、做媒，是通往北埔必經之路。飛鼠哥說，從前有位外號叫尿桶伯的老先生，時常扛著自己手工打造的尿桶四處兜售，而由於古早時代交通不便，村民家裡有適婚子女總愁找不到對象，所以尿桶伯藉生意之便，向各戶人家蒐集年輕人的照片並到處配對，經營起婚姻介紹所的副業，多年來竟然也順利湊對不少佳偶。飛鼠哥表示，他父母親的媒人就是尿桶伯本人。

同一條路在幾十年前，飛鼠哥父親的同學，每天得花一、兩個小時的時間從村外翻到南坑才能上學。他形容當時的情景：天未亮時打著油燈出門，經過農家後，在小徑出口把燈藏好，等放學回家時再點燈回家。那個時代沒有柏油路，整座山都是這樣蜿蜒細長的路徑，彼此交錯、溝通，構成一個綿密的路網。我想像古早時期各個村落透過山中小徑彼此交通，村人扛著扁擔來回穿梭，山上點滿油燈的光火，在幽暗的山谷裡發出忽明忽暗的光輝。這些美

攝影／高偉翔

好畫面不過幾十年前的光景而已。

「以前從你家看出去的風景這麼漂亮，為什麼不拍照記錄下來呢？」我向飛鼠哥表示疑惑，因為油點草農場位在南坑的半山腰，視野極佳。但在問句丟出來的同時突然就得到答案了。很多人事物在當下並不覺得美，也不懂得珍惜，通常是失去了才感到後悔莫及。我臉上露出尷尬的苦笑。

隔天自銅鏡村出發，走過龍崀頂步道，經三聯埤自行車道銜接至老銃櫃步道，苗栗三灣的風光從制高點一覽無遺。餘下八公里的第四條步道彷彿也可以輕鬆解決，在天黑前順利抵達紙湖農場。但旅途並非如想像中順利。從聯興農路開始有一大段荒廢的產業道路，布滿密密麻麻的竹林，還得小心穿過獵人誘捕山豬的陷阱才可通行。

曾經暢通無阻的道路，現已布滿各種低海拔的闊葉植物。空氣潮濕、天色昏暗、僅容一人通過的小徑泥濘不堪。我仰望這一大片原始動人的森林，喘息、發怔。思考著，好不容易被大自然回收的領地，身為人類，把故道走回來的意義是什麼？答案遲遲沒有浮現。接近步道尾段時，我在路上看見一隻山羌的遺體，腹部尚未鼓起，剛死不久，眼睛混濁發白。

「山歌唔唱唔記得，老路唔行草生塞」想起飛鼠哥說的另一句客家諺語，意思是山歌不唱會忘記，老路不走會長草。我的想法是，如果雜草生得很美，不見得要進去一探究竟。走在樟之細路我時常納悶，親眼確認的美到底彰顯了什麼價值？李奧帕德認為所有的荒野保護都是自我欺騙，因為「想要珍愛荒野，就必須凝視它、親近它，然而，經歷了夠多的凝視與親近之後，就再也沒有荒野可供珍愛了。」這幾天在路上時常經過荒僻的廢墟，一間間傾頹的磚房裡有叢生的藤蔓和草堆，一點一滴將文明恢復成荒野，這些從前不屑一顧的景象竟讓人感到興奮，我為牆縫裡掙扎著發出綠芽的種子喝采，想像它們攻城掠地收回故土，像螞蟻要吃掉一頭鯨魚，卻忘記自己生於文明的立場矛盾。

最後一日。出發前規畫行程時，為了不想在最後一天還摸黑下山，所以只排定十三公里的路程，是六天之中距離最短的一段。原本以為可以輕鬆應戰，沒想到，這天特地過來熱心領路的李武雄大哥說：接下來才是最具挑戰的路況。臉頰濕濕的，不曉得是雨水還是淚水。

第一段水寨下古道，是馬偕百年前走到獅潭鄉的行醫之路，他當年幫鄉民拔牙的龍眼樹，至今仍完整保留在獅潭老街上。由於步道已荒廢多時，若沒有人領路，恐怕連登山口都不太容易找到。短短三公里，在泥濘溼滑的荒煙蔓草中，大家吃足苦頭，臉上的表情比鬼還難看。好不容易走出水寨下古道，緊接的北隘勇古道和鳴鳳古道路況較好，但仍舊是雜草繁生，看來也是好一陣子沒有人走過。其實若是一日單攻這三條步道，難度真的不高，但是身體已經累積五天的疲倦，說不辛苦是騙人的。

從鳴鳳下山時，一步一步踏下百年石階，一邊慢慢回想過去這六天發生的點滴。以閩南

人的身分，進入客家族群為主的臺三線，文化的相異點讓人覺得新鮮、有趣，這和過去在海外健行的經驗很接近，尤其是路上常聽見的的客家話，發音是如此似曾相識，但傳進耳裡又彷彿是另一國度的語言。不過當我環顧左右，熟悉的街景、臉孔和食物的風味，這些小小細節又提醒著自己，這是臺灣，而我在自己的家鄉行走，這是多麼饒富趣味又有意義的一件事情。走過鳴鳳吊橋，抵達義民廟，樟之細路在此告一段落，但是這個設定好的終點，並沒有讓我打結般的思緒隨腳步停下。

李奧帕德在《沙郡年紀》裡有段雋永的文字：「一千英畝的羅盤葵輕觸著野牛的肚皮時，會是什麼樣的景象呢？」我不知道羅盤葵實際長成什麼模樣，只記得當時讀完，立刻闔上書本，想像體型龐大的美洲野牛信步在一望無際的草原，無數花朵在厚實肚皮下騷動的畫面到底有多美妙。李奧帕德緊接著寫道，「這問題恐怕再沒有人能回答，或許再也沒有人會問起。」因為一條新築的快速公路將劃過那片平原。他認為：「最殘忍的入侵者，是未來。」

大冠鷲在空中盤旋後無聲地降落在樹梢上睥睨的姿態；穿山甲用爪子在泥地留下的足印；藍腹鷴靜默消失在竹林裡撲朔的殘影；悄悄飛過農家水塘的黃嘴角鴞；山豬窩旁刨起的土堆；山羌死去後那空洞混濁的眼神。這些步道上經歷過的畫面，恐怕有一天再也沒有人會問起，那是一幅什麼樣的景象？

找出意義。辨別出哀愁與悲傷的差異。出去散個步吧。那不必是公園裡的浪漫散步，在春光明媚的時節，讓繁花、香氣與充滿詩意的意境，巧妙地將你帶往另一個世界；那不必是個得從中獲得多重頓悟與發現無人能領悟之意義的散步。勿懼怕花費珍貴的時光跟自己相處。重點不在於找意義與否，而是要「偷」些時間，讓它自由，而且專屬於你。

——卡繆《卡繆札記》[3]

用雙腳找出答案吧。人類不會建造毫無意義的道路，道路必定通往某個地方。

事隔一年，我們重返樟之細路，兩個人坐在南坑的麥屋伯公廟前接受客家電視台的訪問，也就是當時飛鼠哥提起尿桶伯故事的場景。往事歷歷在目，而念念不忘的，是郝爸爸迴盪在記憶山谷裡的歌聲，繞呀繞著，和當時雨後潮濕的氣味一同留在體內。曾試著在網路搜尋老山歌的詞意，卻始終無法拼湊完整，而時間就這樣過了一個寒暑，那場雨停了，我們的腳步還在踏尋。直到抓住訪問的空檔，透過錄下的音檔詢問懂得客家語的工作人員，才終於得知郝爸爸當時詠唱的山歌原意。

「**愛唱山歌就開聲，莫來等到兩三更。**」如果喜歡唱山歌，那就唱吧，切莫等到半夜兩三更，到時候大家都睡著了，那就沒人聽山歌囉。人生不就是如此嗎？想做的事情就做吧，想走的路就走吧。

結束訪問，和呆呆在車上閒聊，想起當時在路過的民宅門口遇見的一隻家貓，胖嘟嘟的，個性非常親人，會在腳邊繞圈磨蹭，試著把體味留在我們的身上。但是不知道為什麼，牠臉上總是一副厭世的表情讓人印象非常深刻。不知道牠還在不在呢？還會在同一個地方慵懶地曬太陽嗎？

回程時搜尋記憶中的民宅門口，是這一戶嗎？不是。會是那一戶嗎？等等，有團毛茸茸的小傢伙趴在那兒。真的是牠嗎？把車子火速停在路邊，和呆呆衝到貓咪的身邊，我一把將牠抱起嗅了一會兒。真的是你沒錯，但好像瘦了，我將貓咪抱得更緊一些。

山歌唔唱唔記得，老路唔行草生塞。
山歌啊一條路，家鄉啊一條路；
山歌啊一條路，轉去啊一條路。[*4]

---

3 節錄自《孤獨，一個人的狂歡》，黃意雯翻譯，八旗文化・遠足文化事業股份有限公司出版。

4 出自黃連煜專輯《山歌一條路》裡的同名曲〈山歌一條路〉，由禾廣於二〇一四年發行。

02 水的足跡

泰北健行

清邁。印象很深刻，初次聽到這個地名的記憶，來自好多年前鄧麗君逝世在此地的新聞。媒體鋪天蓋地的報導讓歌迷心碎滿地，電視不間斷播放紀念專題和演唱畫面，還有各種繪聲繪影的陰謀論，不懷好意地穿插在四起的流言。當時我年紀還小，最紅的歌手是張學友和伍佰，不理解一代歌姬早逝的沉重，但記得非常清楚，新聞報導形容清邁位在泰國北部，是一座悠閒清涼的古城、適合度假的避暑勝地。

清邁。二十幾年過去了，如今我在這座城市郊外的公車轉運站，等待開往邁薩良（Mae Sariang）的小巴士，準備開始一段徒步旅行。時間是一月，北半球的冬天，臺灣正值冷鋒過境，整座島都下著陰冷的冬雨，體感溫度和去年的樟之細路很接近，踏出家門往戶外走需要一點決心。但是在幾乎沒有四季分別的泰國，身處號稱氣候最涼爽怡人的泰北山城，大白天裡依然有攝氏三十度的均溫，而且適逢北部的旱季，降雨機率趨近於零，天氣溫暖乾燥不悶熱，適合觀光旅遊，也更適合戶外活動。

等了三個小時巴士終於進站，司機將所有乘客的行李箱和大背包放在車頂上，用繩索和彈性網仔細綁好，確認安置妥當後才開車上路。所有報名參加健行活動[5]的人，按照官方建議要在出發前一日於邁薩良完成報到手續。這趟車程預計有四個小時之久，看看手錶的時間，應該來得及在規定的截止時間前順利抵達。

邁薩良縣地理位置緊接緬甸邊境，是泰國最西邊的行政區域，歸在夜豐頌府境內[6]，距離清邁市區約兩百公里遠，周圍多山，森林茂密，是個純樸的小地方。所有人員在邁薩良集合後，必須再搭一段接駁車到南邊索梅縣（Sop Moei）的步道起點，而路徑就大致規畫在由山脈區隔兩府的天然界線上。第一天從海拔一千公尺高的山地村落起步，第二天走到全線最高點約海拔一千七百公尺處的山嶺，接著第三天沿稜線循水源下切，取道偏鄉和部落之間的路網，

5 泰國小狐狸健行（Fjällräven Thailand Trail）靈感來自瑞典戶外品牌Fjällräven的年度活動「Fjällräven Classic」。

6 泰國的行政區域劃分大致分為四個等級，分別是府、縣、區、村。全國共有七十六個府和府級直轄市曼谷，屬泰國一級行政區。地理位置將各府區分為北部、東北部、東部、中部與南部。

最後一天走到湄橈河所切出的細長河谷，靠近河岸有一座小村落，路線終點就設在那裡。步道距離總長五十公里，由舊時農路與村落間的小徑構成，這樣的步道背景與臺灣的淺山古道相似，是人民生活的軌跡，也是文化記憶的載體。整條路線的建構仍在初期階段，所以景觀原始、壯麗，人工成分極少，錯落期間的少數民族部落也仍維持早期農業生活的面貌。

邁薩良也可翻成湄沙良，與流經小鎮的河流同名，和許多泰國地名一樣都有個「湄」字，最有名的例子當屬泰國第一大河流——湄南河。但其實正確來說，湄南河並不叫湄南河，這可能比月亮蝦餅是泰國料理的誤會還更大。泰文「แม่น้ำ」是中文「河流」的意思，若將字面拆開來看，「แม่」是母親，讀音為湄（mae）；「น้ำ」是水，讀音為南（nam），結合在一起的意思就是「水之母」，象徵河流孕育生命的意義。所以一般熟悉的湄南河，其實是長久以來語言上的誤解。湄南河真正的名稱是昭披耶河（Maenam-Chao Phraya），讀音為「湄南昭披耶」，和英文語法雷同，將山、河冠在名詞之前。

「湄」字的廣泛使用，代表泰國文化與河流密切的關係。據說泰國人沒有餓過肚子，自第一任素可泰王朝建立以來，在一千多年的歷史當中，泰國始終是食物充足的地區，從來沒有鬧過饑荒。位在曼谷北部中央平原的素可泰，古語的原意是「幸福的黎明」，自古以來境內分布密集的水域和河流，不只沖積成肥沃的平原，也孕育出豐富的漁產，稻米和魚成為人民賴以為生的基礎，河流與人共生，形影不離。

抵達邁薩良的隔天清早，在經過一陣混亂的裝備清點後，所有參加者按照隊伍編制，分別搭上不同的貨卡前往步道起點。目測馬路旁約有二十幾輛中古貨卡，車上或坐或站塞滿了人，一字排開的場面有點駭人，像要出征似的，不明就裡的鄉親們肯定對眼前光景大感疑惑。除了副駕以外，車上沒有舒適的座位，乘客必須和背包一起盤坐在露天後斗享受烈日與冷風的洗禮。前一個小時車子會行駛在平順的一〇五號公路，接著是一段距離十公里的顛簸土路，熬過車身連續半小時劇烈的震動後，便會抵達一處偏遠村落，在黃沙漫天的產業道路旁，設有一頂藍色帳篷搭起的報到處。這是起點，起點到了，大夥從後斗魚貫跳下。

由於參加人數非常多，兩百多個參加者必須拆成三個梯次分三天出發，每個梯次又分割成七至八組小隊。為了區分隊伍，參加者必須在背包後方綁上一面顏色鮮豔的方旗，綠色、白色、黃色、紅色……我們被分配到的顏色是紫色。各隊伍編制有一位領隊，負責導覽、解說，或者幫忙各種疑難雜症。放眼望去團體成員大多是在地泰國人，僅有一成來自亞洲其他國家。

「我叫馬克，這幾天由我擔任各位的領隊。有任何問題儘管找我！」體型瘦長，氣質斯文的馬克說得一口流利英文，聽起來像是在外地留學練成的腔調。他的笑容親切誠懇，有問必答，個性也非常隨和幽默。問他是不是官方的工作人員，馬克只含糊帶過說他有自己的事業，這次單純從曼谷過來幫忙而已。

此外還有兩位身穿迷彩服的嚮導，一前一後，負責先鋒和壓隊。年紀大約三十歲上下，

皮膚黝黑、眼神銳利，只說泰文和方言，他們手持一只長型的迷彩袋子，一身警戒且眼神剽悍的模樣，讓人懷疑裡面裝的會不會是武器。出發前聽說路線會經過隱蔽的大麻田，所以直覺猜想這兩位嚮導，很有可能是主辦單位雇用來保護隊員的軍人。

一行人浩浩蕩蕩出發，遠看像是行軍，但其實輕鬆的氣氛比較接近郊遊，除了炎熱的天氣讓人有點吃不消，坡度也不如預期平緩以外，第一天九公里路程的難度不高，下午兩點多就抵達當日終點。從一旁較高的山坡俯瞰，營地是一處平坦的鞍部草原，海拔約一千兩百公尺，廣闊的腹地上已經搭好幾頂帳篷，不時傳來零落的交談聲與笑聲，像睡夢中來自遠方朦朧不清的細語，想要豎起耳朵聽得更清楚一些，但空蕩的山谷已被寂靜滲透，將所有聲音消化成風。

完成檢查站的報到手續，將營地架設完成後時間還早，和呆呆坐在地上享用免費發放的下午茶。「Peng-Mong」是一種用麵粉、雞蛋和椰子做成的傳統蛋糕，以大片樹葉包覆，外觀看起來像方形的發粿，口感類似軟一點的可麗露，頂部覆蓋一層椰子口味的糖霜，味道非常好，沒幾口就吃得精光；樹皮熬成的湯有淡淡的泥土味，顏色像開水，喝起來像青草茶，消暑解渴，也正好解膩。此時豔陽已不再高掛，緩緩往西邊的地平線移動，金黃色的陽光填滿空曠的草地，清涼的山風吹進 PCT 結束後就沒再搭過的輕量帳篷，透過薄如蟬翼的外帳，看見大家或坐或躺的剪影，各自享受恬淡的時光。

這裡是湄橈國家公園（Mae Ngao National Park）的腹地。從主辦單位發放的地圖來看，密密麻麻的等高線圖顯示紅色路線劃過的山脊西側有多條溪谷，發源於山區的藍色水線往西邊低地聚流，形成一個密集如網的水系，接著支流匯聚成一條水面寬廣的河流，名字叫湄橈河（Mae Ngao）[*7]，也就是同名的國家公園裡最主要的河流，由南向北，有四十二公里長的河道在園區境內。村落聚集在地勢較平緩的河谷凸岸，居民以務農維生。

二十年前，湄橈河谷是一片人間淨土。村民的祖先來自西藏和戈壁的卡倫部落（Karen Hill Tribe），十八世紀時由緬甸遷移到現今的泰北，百年來他們與自然和諧相處，在肥沃的谷地種植白米，在河裡抓魚，生活自給自足，金錢在這個地方沒有意義。當時沒有聯外道路，只有在少數農作物需要與外界交易時，村民才會搭乘用竹子製作的竹筏，往北漂流到五十公里外的小鎮，據說需要花上至少三天的時間。但後來道路還是建成了，現代化的引入一方面改善村民的生活，卻也從此改變鄉村的風貌。為了有更快的收成換取更多的金錢，村民開始砍樹，轉種更具經濟價值的黃豆和玉米。金錢的意義已今非昔比。

時間一天天過去，村民開始付出代價。曾經提供林蔭與食物的森林減少後，傾瀉的雨水從陡峭的裸露山脈沖刷而下，將山坡上的泥沙帶到美麗的河流造成嚴重淤積，原本仰賴河流生存的魚和昆蟲開始死亡。幾年之後，土地不再肥沃，失去森林的村民轉而往更高海拔的山區開墾。這因此與該地區為國家公園用地的政策產生衝突，環境保護與生存的議題互相拉扯，懸而未決的狀態下，樹木仍持續遭到砍伐，森林開始以驚人的速度消逝。

所幸由當地非營利組織和政府發起的森林發展單位，開始居中協調村民種植咖啡和蒟蒻，並起手結合當地特色規畫生態旅遊。由於咖啡必須種植在林蔭下，如此一來村民既不需要砍樹，又能藉由農作物獲利；而生態旅遊的重點，就是要讓村民能重新定位森林的價值，對原生土地產生認同感，並理解它能轉換的綠色財富。

這次參與的健行活動就是整個生態旅遊計畫的一部分，旨在讓村民透過原始的自然景觀獲利，同時保護珍貴的荒野。計畫發起人說，他要讓當地人知道這片森林並非毫無用處，相反地，他從城市裡、從世界各地，帶了那麼多人來欣賞並走入村民的生活環境，而這是一種可以實實在在賺錢的方式。最終他希望，步道產生的經濟循環能夠讓村民再也不要砍樹。

---

7 湄橈河的泰文為「แม่เงา」，英文「Mae Ngao River」，有時也稱「Mae Ngow river」。由於並無正式的中文譯名，所以取其發音翻為「湄橈」。（泰語「เงา」（ngao）的字義有陰影、幻景和輪廓的意思，與代表母親的「แม่」（mae）字搭配，可解釋為這條河流具有母親的形象。）

GREGORY

從帳篷裡起身，天色微亮，營地還沉睡在幽暗的暮光中，我走到地勢較高的山坡，等待黎明的曙光躍上山頭。前一天傍晚，大家坐在草地上面對夕陽與湄橈河的方位，專心聆聽工作人員分享河流與村人的故事，以及這趟健行活動的緣起。言談間流露誠摯的情感，讓原本僅懷抱郊遊踏青的心情，默默地滋長了一些感動，開始覺得這條路線蘊含有更多意義，不只是一場提升品牌形象的商業活動那麼簡單。

第二天的里程雖然只有八公里，卻是爬升比例最多的一段路程，拔營出發後便在稜線上下移動，展望非常好，除了少數走在樹林的時間以外，幾乎時時刻刻都有遼闊的山景可看，和臺灣高海拔的景致接近。但同時可以察覺有些隊伍腳步變慢了，編制漸漸打散，背包上不同顏色的旗子交錯在人龍之中。體力、背負能力、腳感和休息的節奏，都是造成行進速度落差的原因，加上路線多是陡上陡下的設計，並沒有出現臺灣常見坡度較緩的之字路徑，所以走起來的確是有些辛苦。而且因乾旱而沙化的斜坡上常常塞車，無法一鼓作氣通過的人，得一邊喘氣一邊抵抗重心的失衡，還得應付汗如雨下的攝氏三十四度高溫。所幸各領隊安排的休息時間非常足夠，吃完午餐還能在樹蔭下午睡，等待正午曝曬的時間過去。

馬克說第一天營地的補給物資，如水、食物和硬體設備，是活動開始前由大象運送上來，而大象也一併擔任後援的責任，如果人員因故需要撤離，在汽車無法觸及的深山，必須仰賴大象才能進出偏遠的步道。步道上有時候會看到工整的土階，據說就是大象踩踏出來的傑作。

偶爾也可以見到水坑，有些已龜裂乾涸，有些仍有淺淺的黃色泥水，水坑旁有動物的腳印，聽說旱季時村子裡的水牛會被趕來這邊喝水，判斷一些較大的腳印可能就是來自路過的大象。種種跡象顯示，這條路徑是當地人與動物生活的範圍，並非特地為遠道而來的登山客所開拓。然而身為一個外來者，卻又對這裡似曾相識的地貌、林相與氣候，產生了奇妙的親切感，感覺這條步道就像是臺灣某一處走過的林道。科學研究已經獲得結論，大象有絕佳的記憶力，能夠記住空間的配置，不曉得把牠們丟到臺灣山區，是否也會像我在泰國叢林一樣感到自在？

下午三點多，抵達第二天的終點，同時也是路線的海拔最高處「Doi Tong」，翻譯成英文的意思是「Flag Mountain」，猜測取自山頂昂首群峰如飄揚的旗幟之意。營地位在海拔約一千七百公尺處的高山草原，突出於一片茂密的森林，平整的草地比前一天的營地更寬廣，周圍沒有更高的地方，群山萬壑盡收眼底，若使用臺灣的分類法，這座山頂會是毫無疑問的一等三角點，擁有一望無際的三百六十度視野。馬克說這是他去年最喜歡的景點。

「那今年呢？」我問。

「一樣，一樣是我的最愛。」馬克說。他解釋當初設計路線的方式，是先將每天要紮營的地點抓出來後才著手規畫路徑。營地要能乘載百人用量的負荷，還要兼具景色優美與運補的可行性，難度很高，但他們確實辦到了。

晚餐後，聽工作人員說嚮導們會在樹林裡生火，現場還會提供泰式威士忌，是一個可以自由參加的在地派對。我跟呆呆不諳酒性，單純感到好奇，所以和紫色小隊的臺灣團員過去湊湊熱鬧。這天是滿月，月光非常耀眼，從遠處就能依稀看到燃燒的火光，一行人往樹林的方向移動，遠遠聽到陣陣歌聲、笑聲傳來，走近後發現大家圍成一圈在烤火，於是一同加入，將圈圈擴大。

一位泰國人手持一瓶裝著透明液體的保特瓶，看起來和威士忌完全沒有關係，色澤質地比較接近小米酒。見他將一口分量斟進竹筒削成的小杯，示意大家一飲而盡，於是入境隨俗跟著喝了一杯。味道的確很像小米酒，十分順口。接著酒瓶在人圈裡轉了一輪又一輪，酒也喝了一杯又一杯。我看見圈圈裡有個熟悉的面孔，他穿著輕鬆的便服，在大夥的慫恿下連唱好幾首歌，曲調像傳統的民謠，不像流行歌曲。他的表情非常投入，甚至忘情地閉上眼睛，可是常常忘詞，笑場的時候臉上出現尷尬又害羞的表情。我赫然發現他就是紫色小隊的嚮導，和白天的模樣天差地遠，脫下迷彩服和嚴肅外表的他，私底下竟然有這麼可愛的一面。

後來經過馬克的解釋才知道，這次所有隊伍的隨行嚮導，其實都是當地森林保護組織的工作人員，由於熟悉路況和水土，特地雇用為活動的領路人。如果仔細看的話，身上的迷彩圖騰隱約可見可愛的動物輪廓，而那只被誤會裝有武器的袋子，裡面其實只是一束綑起來的帳篷營柱。我那故作懸疑的臆測被無情推翻了，回想起來還真是可笑。

嚮導結束了我們聽不懂的低吟，一位看起來已經喝醉的泰國大姊要臺灣隊也必須獻唱，

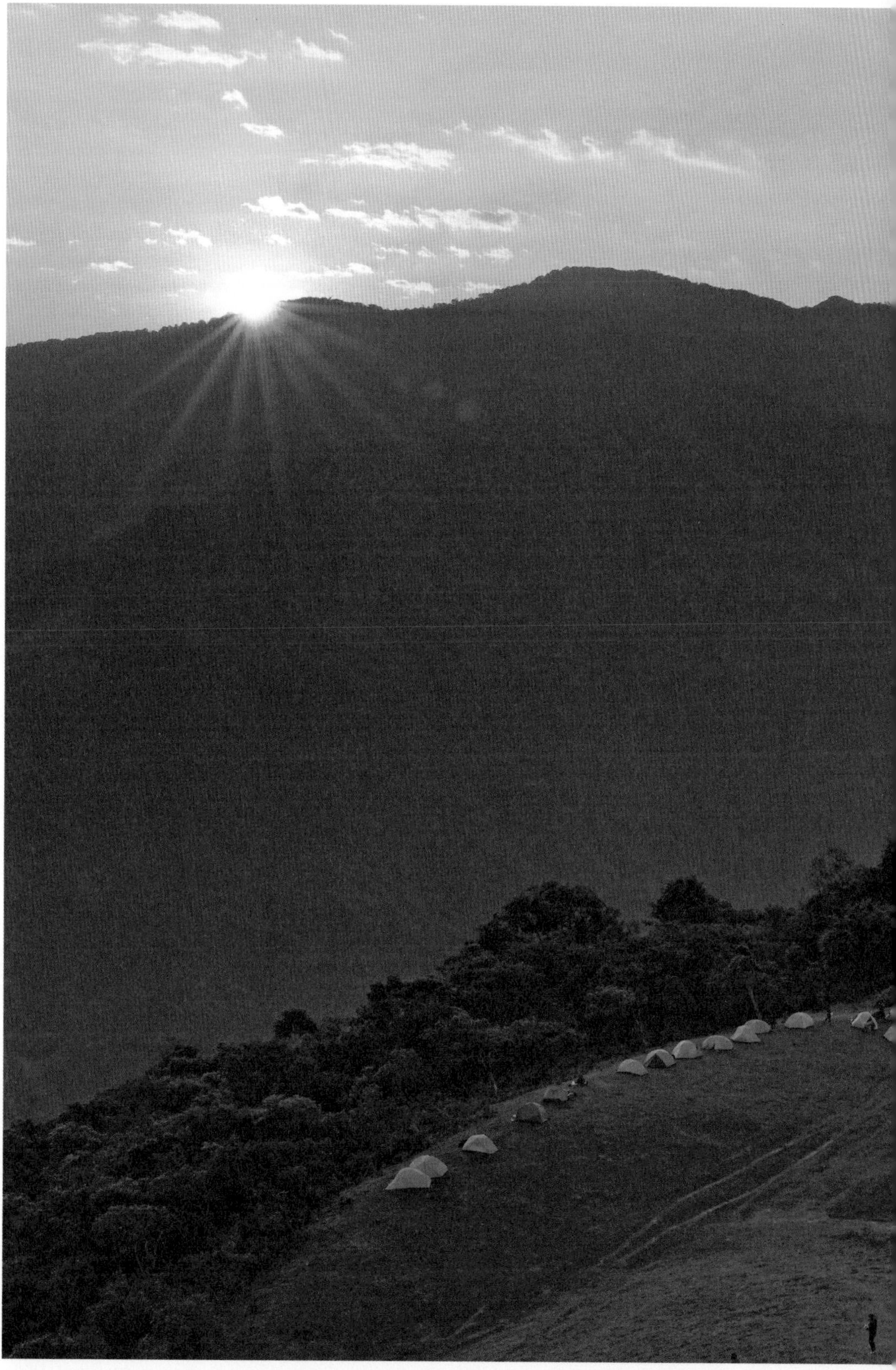

尷尬了，現場沒人敢唱也毫無頭緒要唱什麼，僵持一陣後被泰國人恥笑「難道臺灣沒有音樂嗎？」這怎麼行？臺灣當然有音樂啊。不能認輸，只好趕緊回營地把隊友從帳篷裡挖出來應戰。幾分鐘後，新寶島康樂隊的〈鼓聲若響〉成為當晚公認的最佳演出。

「若聽到鼓聲，阮的心情較快活，攀過了一山又一嶺，演唱阮甜蜜的歌聲。」在跟著大聲合唱的當下，喝了好幾杯的泰式威士忌悄悄發威，趁著大家酒酣耳熱之際偷偷摸回帳篷，沉睡於群山的環抱。

馬克說前兩天只安排九公里和八公里，這麼短的距離是為了讓大家暖身，盡早適應背包重量與體能的負荷，如此才有辦法面對第三天距離最長的十九公里路程。這段路難度看來不高，地圖顯示下降比爬升多，只是沒有適合的過夜地點，也缺乏可用的水源，所以才需要辛苦大家多跋涉一點距離。不過按照上一屆的經驗，許多人即使天亮就出發，也得走到晚上八點才能收工。原本不是很能理解，但昨夜聽到隔壁帳篷的泰國人解釋後，心裡便有了底，明白為什麼有些人會走到這麼晚。

「這是我第一次自己重裝健行。」濃眉大眼的泰國帥哥向我坦誠，即使有多次登山經驗，這趟健行其實是自己初次負重上山。

這讓我感到十分意外，但是在他面前我巧妙地掩飾驚訝的表情。原來，在泰國的登山者大多倚賴揹工協作，鮮少有自己扛裝備的經驗，甚至連資深的戶外用品店員也不例外。大多數人只攜帶隨身物品，走到營地後請挑夫幫忙搭帳篷、煮飯，隔天輕裝下山。登山變得非常輕鬆，但也因此缺少培養負重能力的機會。無怪乎，馬克總是老神在在讓紫色小隊盡情休息拍照，他說：「你們臺灣隊無疑是腳程最快的一組。」

但不管腳程再怎麼快，酷熱難耐的高溫仍是最大的敵人。我竟然開始懷念雨天，但泰北的下一場降雨，得等到三個月後的春天，在此之前只能咬牙硬撐，與身上酸臭的汗味共存。到了正午時分，歷經十幾公里漫天沙塵的跋涉，在愉悅的連續下坡前，尚有一段陡升，是這段旅程記憶中最辛苦的爬坡。我的身體像是一座寂靜的熱帶雨林，但在核心位置有一只被猛烈敲打的宮揚鼓，咚、咚、咚、咚！心臟劇烈地震動身體內部，響徹整片樹林。

相較臺灣，泰國的山區相當安靜，幾乎聽不到動物和昆蟲的聲音。舉例來說，最常聽見的鳥叫聲在此幾乎絕跡，可能是因為旱季，沒有汗腺的鳥類無法生存在無水區，所以一舉遷移至海拔較低的水源區。唯二的例外是村子裡偶爾傳來的狗吠，經過長距離的傳遞後聲音變得非常悅耳，帶有一種難以形容的慵懶，讓人聽了想要睡覺，有點像臺灣的山羌，晚上野營時若聽見牠短促的吠叫會覺得心安，可以撫平焦慮的情緒。另一個例外則是叢林裡不絕於耳的猿鳴，此起彼落迴盪在幽靜的山谷裡。聲音來源據馬克所指是泰國白掌長臂猿，牠的體毛是深褐色，但手掌、腳掌和臉上有一圈白毛，像穿著黑色燕尾服但臉上抹白的默劇演員，樣

子有點滑稽，最喜歡在高高的樹上用長手臂盪來盪去。牠們會發出「嗚—嗚———」的高頻長鳴，藉此與夥伴溝通，傳達求偶的需求。

白掌長臂猿的棲息地大多分布在海拔一千兩百公尺以下的熱帶雨林，和龍腦香科植物的分布範圍重疊。身為雨林指標樹種的龍腦香科多數為樹形高大的喬木，從稜線望過去，最高的樹冠層通常就是高度可達八十公尺的望天樹林（往後在南美秘魯的雨林區也見到一模一樣的樹種特徵）。由於望天樹生長速度快，而且又高又粗壯，質地優良適合用作建材、家具，經濟價值很高，因而遭到嚴重的砍伐。棲息地被破壞，再加上獵人濫捕，讓白掌長臂猿的身影一度消失在泰國森林，近十年在泰國政府的保育政策下才慢慢恢復繁殖數量。

野生動物或昆蟲的叫聲，是與地方深刻連結的聽覺記憶，具有嚮導的功能，能夠將過去的回憶帶回現在的時空，只要聽見熟悉的聲音，彷彿就能再次身歷其境。類似的經驗在PCT時常出現，鼠兔、蚱蜢、響尾蛇所發出的聲音都有一定的辨識度，其中印象最深刻的是被美國人暱稱為「起司漢堡鳥」的黑蓋山雀，唱起歌來像在高喊「cheese burger」，常常讓總是吃不飽的徒步者恨得牙癢癢，因為滿腦子都是香濃多汁的起司漢堡，嚴重打擊走路的士氣。在臺灣山區能聽到的聲音更多了，蟲鳴鳥叫在各海拔山區都有不同的節奏與頻率，猶如一幅無形的地圖，將之展開便能聽聲辨位，重回故地。

越過陡坡後只剩三公里，步道漸趨平緩，林蔭濃密、樹影婆娑，心情十分放鬆，身體裡隆隆的鼓聲不再響起，我靜靜欣賞雙腳踩在落葉堆發出沙沙的聲音。林道越來越寬，發現兩旁的路樹之中，有幾棵的腰部綁有橘色布條，和泰國僧侶的長袍顏色、質料一樣。這代表已進入村落的範圍，綁上布條代表這些樹木受到祝福與保護，不得擅自砍伐。再往前走一段，路旁開始出現一盞盞簡易製作的煤油燈，圓形的鐵罐頂端有一節燒焦的棉芯，用鐵絲捆在木棍上插進土裡，零星交錯在林道兩邊。

馬克說，這是村民特地為可能摸黑夜行的人所設置，屆時太陽落下後，點燃的微微光火會讓整片樹林變得相當魔幻，如果想要體驗那份光景，可以試著停下腳步，等待三個小時後的黑夜降臨。我想像穿越華燈初上的通道後，會進入鄉野傳說裡的鬼怪市集，在那裡我會變成一種動物的形體，也許是長臂猿或大象，使用不同的名字在村子裡生活，並在新月時提著燈籠為夜歸的人類指路。畫面很美，但算了，因為聽說在今晚搭營的小學裡，村民已備好新鮮的熱食，而且提供淋浴的服務。高山上沒有熱水可以洗澡，必須在氣溫變低的日落之前完成，我得加快腳步。

剩下最後一公里，迎面而來的，是村莊裡用木頭和竹子建造的高腳屋，下層養滿豬、牛、雞、鴨，不時傳來公雞扯嗓嘶吼的聲音，還有貓咪和小狗在前廊乘涼打盹；上層是起居室，廚房、臥室和客廳都在同一塊地板上。路旁的耆老嘴裡叼了一根菸，面帶微笑和大家點頭示意歡迎，他穿著軍外套，額頭上綁著一條橘色的僧布，乍看像殘存的泰北孤軍，頗有趣味。

但其實村民大多是卡倫族後裔，戰亂時由緬甸邊境逃到泰北，他們說的方言連隊上的泰國人也不甚明白，只能用簡單的泰語溝通。著名的長頸族就是卡倫部落的一個分支，不過很顯然地，這個村子並非長頸族，因為大家的脖子上都沒有金屬環，而且服裝都已現代化，大多穿寬鬆的棉質衣物，只是外觀有點舊。但意外的是，孩子們會穿著鮮豔的足球隊上衣四處奔跑，而且村子裡的雜貨店有冰涼的汽水，代表已經通電，生活在現代世界的蛋殼地帶。連走兩天幾無人煙的步道，此刻映入眼簾的情景，讓人心生一股異樣的情懷，那是我們這個世代未曾經歷的原始農業生活，卻如此讓人感到安心與懷念。

這邊地名叫「Mue-Hak-Kee」，中文意思是「日落之境」。乍聽會以為是這裡有非常美的夕陽才會擁有這麼美麗的名字，其實真正的原因是村子位置太偏僻了，距離最近的公路還有七個小時車程，聯外交通不易，往往抵達村子時太陽便已落下，才因此有了日落之境的別稱。這理由聽起來像是在挖苦什麼似的，但我很慶幸能有機會拜訪這麼美麗、純樸的地方。

營地設置在村子裡的小學廣場，一大片平坦的沙地，應該也是村民平時活動的空間。搭好帳篷，我和呆呆趕緊到一旁的淋浴間洗澡。設施很簡陋，打開後只看見一座蹲式馬桶，以及一個藍色大水桶，得用勺子無情地將冷水往身上淋，這過程讓人尖叫連連，但洗完後通體舒暢，全身死去的細胞再度甦醒。

太陽正要落下，站在廣場邊緣可以看見奔騰的雲海和彩霞。信步走到特地為活動搭設的

QATAR

臨時攤販，現場販售便宜味美的打拋豬、炸雞翅、炸荷包蛋和各式肉腸，已被飢腸轆轆的人群包圍，像在打劫似的，剛炸好的食物很快就會消失不見。大家圍繞在從教室裡搬出來的課桌椅，從黃昏坐到黑夜，像是在慶祝已然抵達終點，熱絡的氣氛讓人捨不得回到帳篷。每隔一段時間，學校的入口會進來一批走到筋疲力竭的人群，臉上掛著疲憊的表情，這時大家會齊聲鼓掌歡呼，甚至獻上擁抱和一杯泰式威士忌，慶祝他們熬過伸手不見五指的山路。看看手錶，等到最後一批隊伍進場時，已是晚上九點多了。

打開帳篷，發現太陽早已升起，偌大的操場上有村子裡的雞禽四處奔跑，混沌的大腦需要一點時間回神，才能想起自己人在清邁的偏遠部落。

陸續有小學生魚貫走進操場的旗桿附近，待全員到齊後便開始升旗典禮，隨後各自帶開進入兩旁的教室。好奇走近觀察，發現教室裡沒有通電的照明設備，上課時只能倚賴孱弱的日光。一位小女孩專心低頭寫字，另一位則用彩色筆描繪著色本上的小公主；男孩們則是盯著相機鏡頭，臉上擠出各種古怪的表情。

離開部落，下山途中，馬克請大家留意腳邊流過的涓涓細水，他說這就是湄橈河源頭之一，接下來的十三公里步道將與水路不斷交會，最後抵達匯聚成十幾公尺寬的河流。走過三天的乾涸，第四天終於見識到這座山脈生意盎然的面貌，隨著海拔遞減，涉過的溪流水勢越來越湍急，步道的生態也越來越多變，漫天飛舞、色彩鮮豔的蝴蝶在小溪的水面汲水，黑色獨角仙在枯樹枝上緩緩爬行，我們走在望天樹群聚的雨林裡，仰望不見盡頭的樹梢。

步道繼續向前，穿過阡陌縱橫的田園小徑，穿過聚落，穿過無數沙塵和泥土，最後穿過巨大的河流，循著水的足跡，我們終於抵達終點「Sobkhong」，一座富饒的村落，位在三府交界。湄橈河平靜深沉的水流將數百位村民，連同參與健行的人群和工作人員凝聚，交匯在終點站的臨時市集，村民輪番上菜，有豬血米線、涼拌青木瓜絲沙拉、烤魚、炸香蕉和烤山羊肉，以及酒吧區讓人臉上泛起異樣微笑的泰式威士忌。吃當地、食當季，所有的食材，包含河裡撈上來的魚，全都孕育自河流之母。

入夜後的晚會節目非常豐富，有當地人現場演奏的民謠歌唱，穿插小朋友特地排練的表演，將五穀豐收和兩小無猜的男情女愛融入傳統民俗歌舞。雖然是業餘性質表演，而且語言一竅不通，但男孩女孩臉上羞澀的表情非常到位，是很讓人會心一笑的溫暖演出。

接著有工作人員拿起麥克風，一位面貌和藹的先生，看得出來經常運動的身體，讓他外貌比實際年齡更年輕一點，目測約五十歲的年紀。說話的語調很舒服，不帶官腔，像在和老朋友分享心情一樣自然自在。他是發起人克恩，本身是品牌代理商，但他謙虛表示自己只是一個掛名的贊助商，活動由更多分文不收的組織、志工和當地村民一起促成。這時我才明白，馬克第一天避重就輕說在曼谷有自己事業的含義。因為所有的工作人員都是自告奮勇的志工，

沒有任何一個人領到薪水，許多人一年只有兩週的假期，卻把整整十天的私人時間都奉獻給這個活動。報名費六千泰銖僅用於活動建置的成本支出，從沒想過因此獲利，當然更沒有盈餘支付給工作人員。他將所有志工召集至台前接受熱烈的掌聲，那是我們當時唯一能致敬的方式，所以拍到手心都紅了。

克恩還補充，自從二〇一五年第一次參加瑞典原廠的健行活動後大受啟發，往後兩年持續帶人到當地健行，但他終究發覺這樣的成本太高、人流太少，為了讓更多泰國人能體會自然環境的價值，他決定把整條步道「搬」到泰國，於是花了一年時間籌備，終於在二〇一八年舉辦第一屆健行活動。

他輕描淡寫地表示，這條路線他已經走了十九年，直到透過籌措這場活動才終於串起。他最愛從湄橈河畔搭乘獨木舟划到下游，三天後便能返回一開始出發的邁薩良小鎮，形成一個有山有水的環狀路線，完美複製水的旅程。這番話讓我們非常感動，並且試著想像，當一條構思了十九年的路線終於踏實成真，而且連續兩年都有來自世界各地的健行愛好者共襄盛舉，那會是多麼令人感到驕傲的事情？

這不是我和呆呆走過最長的步道，但是它的整體規畫與細節的安排，在短短四天內，讓我們回味好多過去長程徒步的記憶；種種巧思與結合當地人文、自然環境的導覽，也讓人覺得不虛此行，是一條真的能夠獲得感動與知識的路徑。

在克恩誠摯動人的結語後，現場請出一位看來德高望重的耆老，他手持黃色鮮花束，以及一綑白色細繩，在默禱祝詞後，邀集現場所有徒步者到盤坐的老先生面前，由他親自在每個人的手上綁縛細繩，口中默念一句又一句聽來是祝福的呢喃細語。一般來說這是入山之前的祈福儀式，讓山裡的神靈給予庇護、保佑。只是若在一開始舉辦可能會影響出發時間，所以決定將之延到旅程結束之時，讓每一位來自世界各地的參與者，能將這份真摯的祝福帶回家鄉。現場沒有音樂，場面隆重、溫馨。我安靜注視細繩在手腕繞了一圈又一圈，那些祝福的禱詞像薰香繚繞一般，隨之滲入眼耳鼻口、肌肉和血液的深處。縱使一句話都沒有聽懂，卻能完全心領神會。

湄橈河不只將人帶往水流的方向，也是一條返鄉的路徑。數十年前村落裡的孩子需要上學，但當時沒有聯外道路，所以鎮裡的老師得搭一段渡船，走過十幾公里的山路後，才能抵達偏遠的部落為孩子教書。待結束課程後，再由村民以竹筏漂流的方式，將老師帶回下游的小鎮。

晚會結束的隔天清早，我們搭上村人手工製作的竹筏，藉河水往北漂流至起點的方向。距離約六公里，預計耗費兩個小時，我們什麼事情都不用做，只要靜靜坐著休息。當地船伕一前一後，以竹桿將竹筏撐離水岸，輕輕一撥便順著水流往前蜿蜒漂流。掠過水面的涼風吹在臉上非常舒服，我用赤腳感受滲過竹筏底部的河水，一解連日酷暑的煎熬。再也沒有更好的安排了，此刻，我坐在未曾變動設計的傳統竹筏上回溯這段歷史，感受川流的歲月在眼前重新上演。

河流是水的終點，也是原點，水的循環訴說了一切——所有人，終究要歸鄉。

03
旅行的旨味
美西國家公園之旅——

經過漫長的飛行、轉機，穿越重重時區切割開來的地域、海域，飛機終於抵達洛杉磯國際機場。踏出機艙時我習慣觸摸空橋的玻璃，試著感受室外傳來的溫度，並在短時間裡快速捕捉窗外的風景，如此才能在踏出機場前，惡補那一大段於高空中產生的空白。那十幾個鐘頭的時光，像節奏過於緩慢、冗長的夢境，努力回想也只能記起幾個灰色的片段，必須透過感官稍稍扶正偏擺的時差與地差。

順利入境，完成租車手續，我發動吉普汽車的引擎，四輪驅動的白色指南者（Compass）是接下來五週的交通工具，功能陽春但可靠，沒有什麼好挑惕的地方。預計結束科切拉（Coachella）音樂祭後，從南加州棕櫚泉出發，沿途停靠美國中西區幾個著名的國家公園和風景區，最後返回洛杉磯市區，以U2的約書亞樹巡迴演唱會為這趟旅程畫下句點。和飛行相比，接下來即將啟程的公路之旅顯得斑斕、明亮，讓人滿心期待。

公路旅行如此令人憧憬，和它強烈的文化脈絡和拓荒者情境有關。旅人委身在狹小的車子裡，手肘倚在窗邊，隨著音響流瀉的音符，緩緩駛入無限遼闊的荒野，揚起的土塵消失在無盡延伸的公路彼端，一望無際的蕭瑟、一無所懼地前進……勾勒公路旅行的輪廓並不困難。汽車作為串起文明與大自然之間的介質，也是兩種矛盾心境的橋樑，一方面提供駕駛者所需的安全感，將恐懼隔絕在堅硬的車體之外，另一方面應付柔軟內心對冒險、流浪的渴望。

回想人生第一次在異地的公路旅行，是和呆呆婚後的蜜月之旅，地點在南半球的澳洲內陸，自北領地的愛麗絲泉啟程，以原住民阿南古人視為創世紀神話起點的烏魯魯巨石為折返點，進行為期短暫六天，以旅行車為家的生活。那段經歷深刻、動人，卻也顯得有些生澀、迷惘，旅行並不全如預期美好，但它和多數一見鍾情的人事物一樣，在尚未了解全貌之前，便已毫無保留地愛上。永遠不會忘記行駛在筆直的公路上，幅員遼闊的紅土大陸在眼前毫無保留地展開，我從車窗觀看遠方的卡塔丘塔（Kata-Tjuta），存在於地球已超過五億年的古老圓頂砂岩，在落日的照映下，從原本濃烈的鮮紅轉變為暗沉的豬肝紅，和背景布滿彩霞的天空形成對比，讓它獨立於蕭瑟大地的身影更顯寂寥，像蜷曲沉睡的巨人，維持自遠古以來靜止不變的姿態，任由低矮的沙漠灌叢像苔蘚一樣依附在軀體各處。

音響剛好在播放冰島樂團 Sigur Rós 的〈Hoppípolla〉，源自北半球接近冷冽極圈的音樂，竟然和南半球炙熱的紅色沙漠如此合拍。轉頭看見同樣淚流滿面的呆呆，兩個人一起露出靦腆滿足的笑容，於是我默默把那首歌重複播放，一次一次又一次，伴隨深邃幽微的吟唱，將車子慢速駛離那過分魔幻的超現實場景，直到完全日落後陷入一片亙古的黑暗，只剩遠方地平線的點點星光兀自閃耀。

第二次海外公路旅行則是在美國西岸。那是二〇一六的秋天，結束為期近半年的 PCT 長距離徒步健行後，為了從加拿大返回南加州所採取的移動方式。計畫很簡單，從溫哥華搭火車到奧瑞岡州的尤金市，租一部四人座小車，沿著極負盛名的一〇一號海岸景觀公路，一路往南開回洛杉磯市區。

刻意避開交通繁忙的州際公路，我們選擇行駛在鄉間小徑或蜿蜒的山路，拜訪幾座徒步時沒機會參觀的國家公園和歷史小鎮。那些因為八線道高速公路開發後而逐漸沒落的小地方，至今仍保留著純樸的風情，就像電影裡能見到的場景，老街上幾乎沒有遊客踏足，也少有刻意營造的觀光氛圍，但從斑駁的牆面仍可嗅到往年的光華。我們總是住進最破舊、最便宜的小旅館，隔天花上兩三個小時，流連在充滿陳年霉味和歷史鑿痕的舊貨店裡，然後到當地人最愛的烘焙坊點一份肉桂捲，啜飲淡而無味的美式咖啡。等到攝取足夠的恬淡，讓靜止的歲月拖延流逝的時光後，我們才捨得發動引擎，繼續往下個城鎮前進。

十天的旅程，兩千多公里的距離，這段經歷成為 PCT 之外另一段無法抹滅的美好回憶。時間過了半年，我們重返美國西岸的公路，彌補當時因時間有限未能參訪其他國家公園的遺憾，也試圖藉這機會再一次滿足對公路旅行的符號想像。

紀念碑谷

從音樂祭離開後旅行正式啟程，在三天之內連續拜訪了聞名世界的大峽谷、馬蹄灣和羚羊峽谷，然而我對這幾個知名景點卻略感無趣，也許是那景觀印象太過鮮明早就失去了驚喜，就像看一部不小心知道結局的電影；又或者過量的遊客讓人不耐，即使我也是遊客的一分子。而且每每走到園區內規畫的特定觀景點拍照時，總覺得照本宣科的觀光方式像在讀使用說明書一樣索然無味。

尤其是上羚羊峽谷[*8]。自從澳洲籍攝影師彼得的攝影作品〈魅影〉（Phantom），在二○一四年創下以天價六百五十萬美金售出的歷史記錄後，這道由暴雨侵蝕而成的狹縫型峽谷，吸引了更多來自世界各地慕名的遊客。要成功拍到「魅影」，必須在精準設定好的時段內讓陽光穿過窄小的裂縫，並在直射進入幽暗的峽谷後形成一道光束。這時如果地面上的沙塵能稍稍隨風揚起，便能在光束裡緩緩繚繞，如同撲朔迷離的魅影。

---

8 下羚羊谷（Lower Antelope Canyon）的地勢較為崎嶇，入口進去得先往低處走，像是進入一個洞穴。因此遊客較少，入場費也便宜，當地只有一間旅行社代辦；上羚羊谷（Upper Antelope Canyon）的地勢平緩，幾乎每一天都大排長龍，需要在幾個月前就預約導覽行程，「魅影」就是在上羚羊谷完成的攝影作品。

但由於峽谷屬納瓦荷族保護區，進出皆由當地原住民經營的旅行公司把關，一天的參觀梯次名額有限，許多人抱怨人潮太多無法好好拍照，所以又衍生出一般團和攝影團兩種報名方案，攝影團的門票價格是一般團的兩倍以上，而且嚴格規定只接受持專業單眼相機的遊客報名（想拿普通相機或手機拍照的人會被拒絕），但也因此享有兩倍的遊覽時間，並被允許攜帶腳架，好讓攝影師能夠盡情捕捉心目中的「魅影」。

礙於時間和預算，我們參加的是一般團體。當天準時出現在集合地點，由卡車改裝的接駁車將大家運往峽谷入口，接下來便由一前一後兩位納瓦荷族導覽員帶領進入羚羊谷。短暫約一個小時的導覽的確能見識到鬼斧神工的美景，赤褐色岩壁像靜止的流水，和光線產生千變萬化的光影，某些角度會真的以為陷入某種移動中的漩渦，讓人看得出神、讚嘆，不枉此行。很希望將每一處角落盡收眼底，但後方另一梯次的遊客早已湧入，而催促我快點前進的導覽員顯得有點不耐煩，不斷用納瓦荷語和另一位嚮導發出抱怨的碎語，只好草草結束神遊，盡快與前方隊伍會合。

由於如此走馬看花的行程無法讓人好好拍照構圖，所以導覽員會站在幾個已設定的拍攝點，示意要大家將相機或手機遞給他幫忙拍照。我觀察他熟練操作各式相機，好像任何機型都難不倒他，稍微調校後便按下快門，啪擦啪擦，幾秒鐘內就能完成攝影，完全不浪費時間。我接過相機，從螢幕看到的畫面確實美得沒話說，精準的構圖、光圈和快門設定，成像如同商店販售的明信片一般毫無瑕疵。

「這個畫面叫龍之眼。」他淡淡說道。

我發覺似乎每一個拍攝點都有自己的名稱，而導覽員瞭若指掌，閉著眼都能找到。隨後走到魅影的攝影點，導覽員從地上抓起一把細沙。

「要拍出魅影，你得自己動手灑點沙子製造那個效果。」隨後發出竊笑的聲音，像在揭曉一齣自己精心設計的惡作劇而得意不已。我覺得這實在太令人沮喪了，同時感到有點滑稽，像哭笑不得的黑色喜劇。

這不禁讓我想起前一年在PCT徒步健行的日子，每天都是新的體驗、新的風景，毫無防備地向我靠近，越是深入荒野，那些美好的事情在腦海裡的烙印就越加深刻。但是公路旅行卻正好相反，我必須追趕著每個旅遊書上的景點，拍下已知的風景，然而它們卻像高速公路上飛逝而過的大型廣告，模糊又曖昧地只存在相機的記憶卡，而不是我的心裡。

帶著惆悵的心情離開羚羊峽谷所在的佩吉市，下個景點紀念碑谷在往東兩小時車程的州界上。這是計畫之外的行程，原本只打算路過而已，但遠離了喧囂的人潮，映入眼簾的是一幕幕西部電影裡才會出現的壯闊場景，我才終於品嘗到那一股久違的興奮與激動。

一九三九年的電影《驛馬車》（*Stagecoach*）捧紅演員約翰・韋恩，開啟了西部電影的另一盛世，也讓片中紀念碑谷的西部風情深植人心。一九六八年，由傑克・尼克遜主演的《逍

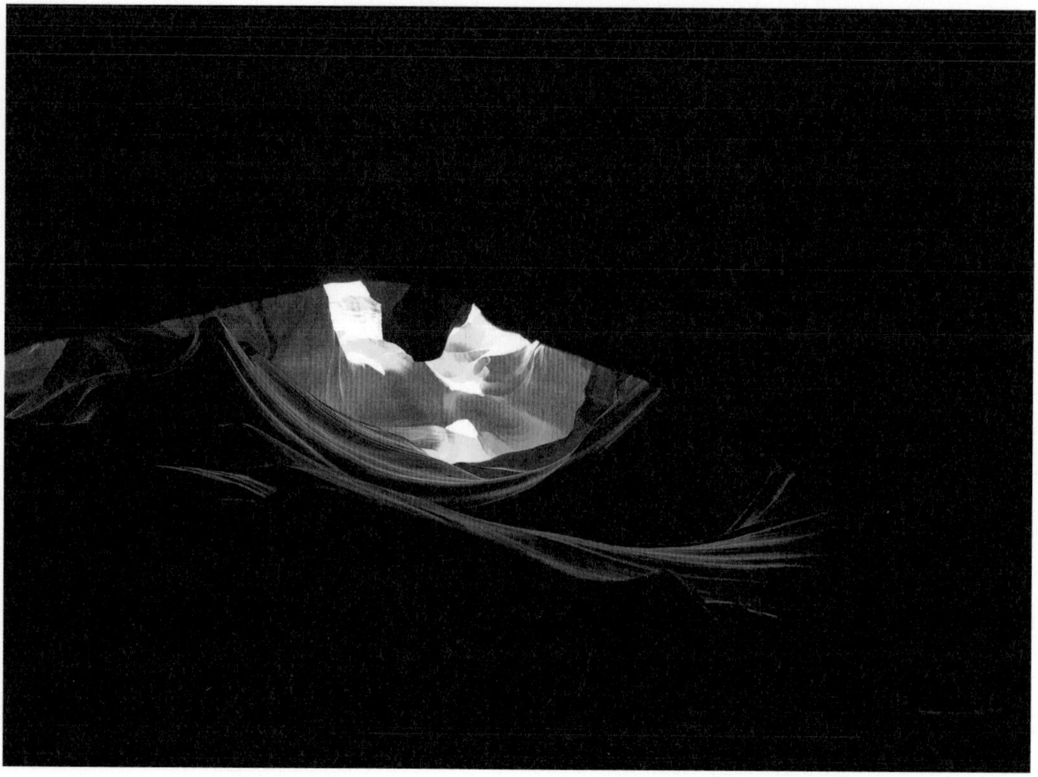

逍遙騎士》（*Easy Rider*）也在這邊取景，被譽為是公路電影類型的始祖。爾後當《阿甘正傳》（*Forrest Gump*）裡的阿甘以慢跑方式橫越美國大陸，並在一六三號公路上停下時，背景的紀念碑谷立刻成為我最深刻的公路印象與符號。

臨時更改計畫，在當地露營度過兩個美好的夜晚，並利用白天時間開車深入探訪，在峽谷裡繞了整整一圈。不可諱言，紀念碑谷依然是相當商業化的風景區，但至少沒有任何人在後頭催促，而且有非常充裕的時間，享受不同時段的光影在紅色峽谷產生的千變萬化。我坐在營地的帳篷前，在夜色將濃烈的色彩刷淡後，亞利桑那的星空，從形狀像拳擊手套的兩座孤峰中間亮了起來。有那麼一瞬間，我產生了武斷的想法，真心認為每一個憧憬公路旅行的人，都應該花點時間在紀念碑谷感受這難以言喻的一切，就像在沙漠裡搜尋唯一的綠洲，是本能的指引。

沉默的城市

紀念碑谷之後又連續拜訪幾座國家公園，全都位在戶外活動盛行的猶他州。拱門（Arch）、布萊斯峽谷（Bryce Canyon）和錫安（Zion），皆以因長年侵蝕作用所形成的特殊地貌為賣點。

布萊斯峽谷的特色景觀是由沉積岩組成的石柱群，因著岩層組成成分的不同，高聳的石柱會呈現出橙色、紅色和灰白色的變化，在日出或日落時依隨光線的變幻綻放出不同的色彩，從遠處看像是燒得發燙的石柱，宛如地獄裡施行酷刑的道具，不知情的人可能以為裡頭熱得像烤箱一樣。

但是四月的布萊斯峽谷氣溫仍然很低，白天平均溫度約十二度，入夜後則降到三度左右，一些太陽照不到的陰暗處都還有白白的積雪，視覺感和體感的衝突都非常強烈。印象最深刻的是第一天抵達峽谷後馬上下起陣陣小雨，接著小雨變成冰霰，然後大風一刮就演變成一場超乎想像的大雪，但兩個小時後天空再度放晴，藍天白雲、陽光和煦，好像什麼事情都沒有發生過一樣。

結束整個白天的健行活動，在太陽下山後推開沉重的木門，走進園區內唯一一棟大型木造旅館。大理石砌成的壁爐裡有成堆的柴火燒得正旺，發出霹哩啪啦的聲音，十分療癒。一位坐在古董皮椅的老先生給了我一個撫慰的微笑，他說快進來坐坐吧，外頭很冷。餐廳裡杯觥交錯，氣氛熱烈，我選了一處角落的位置喝杯熱茶暖身，豎耳聆聽座席間壓低音量的談話聲，稀稀疏疏，像搖曳的風鈴一樣悅耳。

隔日天還未亮，開車到園區著名內的「沉默之城」（Silent City），那是一座巨大的環狀石林，從邊坡俯瞰，密密麻麻叢聚的模樣像極了城市裡林立的高樓大廈，在清晨第一道曙光的映照下，竟有幾分神似高第的建築風格，無數高聳入天的石柱像極了聖家堂叢聚的高塔。

鹽湖城炸子雞

為了搞定前一本書《步知道》的校稿工作，我們撥出旅行空檔在鹽湖城停留五天，除了到咖啡廳用無線網路傳輸檔案，其餘大部分時間都待在有霉味的旅館裡反覆訂正文字。這座百年前由摩門教徒拓荒建立的大城市，給人的第一印象其實有點死板，很像條理分明又嚴肅的模範生，不若其他一線城市那麼熱鬧喧嘩，總能在邊緣找到一些脫序的刺激感。

春天的猶他州山區仍有許多積雪，市區又濕又冷，細雨紛紛、烏雲罩頂，很像臺灣的梅雨季。所以天氣一放晴我們立刻離開發臭的汽車旅館，驅車到北邊一點的羚羊島州立公園看夕陽。連續降雨兩天了，所以短暫放晴的天空看來特別清澈，遠方的瑟斯頓峰和幾座相鄰的山峰上都還有嚴冬未退的積雪，和大鹽湖的倒影連成一氣，斜照的夕陽把水面映照得閃閃發亮，從幽幽的湖岸看過去實在美得讓人心碎。

寧靜的羚羊島上，隨處可見美洲野牛在草地啃食嫩葉，我嘗試接近一頭落單的巨獸，感受牠充滿壓迫感的野性之美。牠的模樣有點笨拙，不時發出非常低沉的喘息聲，擾動安靜的空氣直傳耳膜。移動速度看起來很緩慢，卻又能感受到牠體內充沛的爆發力，好像隨時都會被牠蠻橫的力量制服，所以不敢發出太大的聲音，只是靜靜地站在一旁等牠靠近。美洲野牛是北美體型最大的哺乳動物，也是我親眼過最壯碩、最原始的野生動物，不敢相信牠能以一噸的體重，維持時速六十公里的奔跑速度。親近牠就像參拜一座聖殿，讓人崇拜、仰望。美

國學者經過研究，相信野牛遷徙時踩踏出來的路線，是北美洲第一條有跡可循的路徑，印地安人使用這些天然路線開拓獵場，隨後出現的西部拓荒者則利用部分東西向的路徑，修築一條通往太平洋的鐵路。

天黑後返回市區，二度回到中國城區的「香港酒樓」用餐。說是酒樓，其實也只是一間普通的中式餐館，由三個來自廣東的姊妹經營。二姊和三妹的個性有點冷淡，但是多聊兩句後也能從她倆臉上看見不那麼職業的笑容。大姊性格比較活潑，熱情地介紹幾道店裡的拿手菜，我聽從建議點了半隻炸子雞。三姊妹身上那套發出綢緞光澤又沾滿污漬的唐裝，在陌生孤獨的城市裡顯得有些詭異，卻又感到莫名的親切，和那隻雞的味道一樣，沒有想像得那麼好，但是溫度很足夠。

旅行的旨味

在前往下一座國家公園的路上，為了清洗堆放多日的髒衣服，我們把車開進鹽湖城南邊一座中型城市普若佛（Provo），下了交流道便直奔網路地圖搜尋到的自助洗衣店，名字叫做「海濱」（Seaside），外觀有些老舊，招牌的設計美感不是很好，英文字母的「A」用一艘帆船代替，有點老土。推開玻璃門走進去，洗衣粉的香精味撲鼻而來，也能聽見烘衣機隆隆的運轉聲。櫃檯是一位操西班牙語的阿姨，她拿著話筒和人聊天，說著我聽不懂的語言。旁邊有個髒兮兮的小男孩坐在地上玩耍，打翻了一地五顏六色的糖果，斗大的眼珠子直直盯著我們夫妻看，似乎不太理解這兩位黑髮黃皮、又髒又臭的人，怎麼會憑空出現在他媽媽經營的地方洗衣店。我給他一個微笑，把身上和袋子裡的髒衣服全塞進洗衣機的滾筒裡，投入八個二十五分硬幣，倒進一盒洗衣粉，按下啟動鈕後就離開了。

過了十五分鐘，我拎著兩袋從溫蒂漢堡買來的午餐返回，坐在店裡享用在臺灣已嘗不到的滋味。客人來來去去，幾乎都講西班牙語，就像在臺灣菜市場裡遇見熟悉的街坊鄰居會聊上幾句那樣，彼此熱絡地輕聲談話，交待無風無浪的無聊近況。小男孩持續玩耍，洗衣機持續運轉，突然意識到我們似乎闖入了當地人的日常，成為他們那天不尋常的突兀風景，然而如此平凡輕鬆的午後，我才終於在這裡感受到旅行的「旨味」。

「旨味」的原文為「うま味」（Umami），原意是指食物的鮮味或美味，是有別酸甜苦辣的第五種味覺，為了將這種難以形容的滋味具體複製，一九〇八年，日本化學家池田菊苗教授從海帶中分離出麩胺酸，並將這個味道命名為「旨味」。隔年他與鈴木兄弟合作，推出以麩胺酸鈉製成的味精產品並命名為「味の素」。很有趣，許多人避之唯恐不及的味精，其實可能也是同一群人追求的夢幻美味。

不過在紀錄片《壽司之神》裡，旨味的定義略有不同。壽司名師小野二郎的長子禎一，身穿一襲白潔的廚師服，試著在鏡頭前解釋何謂他心目中的「旨味」。他表示，日本人的「旨

味」定義到後期變得很廣，不光指食物的美好滋味，有時候也純粹形容一種心境，那就像是喝了一口氣冰涼的啤酒後發出「啊」的讚嘆聲一樣。

對我來說，不論路上的風景有多麼壯麗也無法描繪出日常的美好，只有在洗衣店這樣平凡的場景，才能在流動的旅程中感受自我的停駐。像導演小津安二郎老派、平淡又生活化的鏡頭語言，勾勒出一幅鮮明而真實的畫面，取代原本對一座陌生城市的想像，深刻烙印在旅人的回憶。我恍然大悟在心裡「啊」了一聲，好像也在豔陽下喝了一口沁涼的啤酒。

烘乾機發出一連串刺耳的嗶嗶聲後停止運轉，我們把烘得暖呼呼的衣服收進後車廂，發動引擎，繼續開往北方。

被放逐的駝鹿

大提頓國家公園裡最無法忽視的景觀當然是連綿的提頓山脈，不過一旦進入北方的領域，就代表更深入野生動物活動的範圍，遊客有機會與各種稀有動物不期而遇，這是美國國家公園除了風景以外的最大賣點。有別於猶他州以巨型岩石為主的紅土景觀，懷俄明州綠意盎然的山脈和茂密的森林，恰恰是野生動物的絕佳庇護所，但要能尋得牠們的蹤跡得倚靠長時間的守候或是純然的運氣。身為遊客當然沒有太多時間，平均一座國家公園停留三天而已，為了一睹始終未能親眼見到的大型駝鹿（Moose）真面目，我們只能開著車子碰碰運氣，幾近瘋狂地遊走在各個聽說會出現駝鹿的地方，追逐讓人朝思暮想的身影。

但是花了一整天的時間只見到成群的美洲野牛，眼看已近黃昏，我不禁氣急敗壞地自嘲：「該不會在我們追著駝鹿跑的當下，牠正好整以暇地在營地閒晃呢？」搖了搖頭，這種滑稽的劇情不太可能出現在現實場景。聽說有些美國人窮其一生也不曾見過那美麗又龐大的生物，這讓人釋懷不少。

天黑前開車回到珍妮湖營地，剛把車門打開的時候就看見隔壁帳的年輕人走近，他賊頭賊腦，一臉竊笑的表情，讓我以為自己是不是犯了什麼營區的規定，氣氛有點緊張。

「跟你提醒一下，可別嚇到了。」他按耐不住興奮地說。

「怎麼了嗎？」我還是摸不著頭緒。

「你帳篷旁的樹叢有一隻駝鹿！」他說。

定睛一看，差點沒有嚇壞，果真有一隻和馬一樣大的母駝鹿靜靜地啃著樹上的枯葉。看到牠安心的模樣讓我們不禁捧腹大笑，那該死的玩笑話竟然馬上應驗了。

據在場的遊客轉述，這頭駝鹿的年齡大概才兩三歲，換算起來還是個青少女而已，照理應該和家人聚在一起。但不知道惹毛了鹿群裡的哪位老大，被媽媽狠心地放逐，留牠單獨面對這個世界。猜測大概也是因為如此才會出現在人類的營地吧？我看見牠在暮色昏暗之際，悄悄蹬著沉重的步伐走進鄰近另一片樹林，乖乖臥在由碎石圈起的四方形營地裡休息，那身影孤獨地讓人想流眼淚。

隔天我們特地起個大早，在清晨的斯內克河畔看見清洗身體的肥胖河狸，也在偏僻靜幽的天鵝湖巧遇悠哉游泳的水獺，還有從天空以迅雷般速度掠過湖面抓魚的美國魚鷹。能夠用肉眼捕捉到這些畫面簡直是一種恩賜。

麥迪遜河

黃石公園腹地之大，據說百分之九十九的遊客只參觀了百分之一的園區，可以想見這全世界第一座國家公園裡有多麼豐厚的生態資源。有別於其他國家公園以地貌取勝，黃石最大的賣點應該是遍布園區內，超過三百多座的間歇泉。

高溫的泉水是池內細菌和藻類的最愛，因著水的酸鹼值不同，造就池水顏色豐富的變化，有黃色、橙色或棕色，也有淡藍、土耳其藍或寶藍等各種層次的藍色，尤其在陽光直射的時間區間內，這些間歇泉會像大自然的調色盤一樣，綻放出濃烈的色彩。

連續看了幾天得到一些心得，發覺清晨時最適合去欣賞變幻莫測的霧氣，等時間到了正午，陽光直射下能夠觀賞最鮮豔奪目的池水。而由於池水邊總是擠滿了遊客，我發現沿著阿提米西亞泉旁的步道到牽牛花池的遊客最少，清幽又平緩好走的小徑，可以暫時與紛擾的人潮隔離，靜心享受噴發的灼熱蒸汽、刺鼻的硫磺味，以及——彷彿與異世界連結像蟲洞一

般——詭異又深邃的池水。

除了因地熱噴發的間歇泉，另一個讓人印象深刻的，是園區內四處追逐野生動物的「獵人」，只是這些獵人使用的武器是高倍相機或望遠鏡，而不是裝填子彈的獵槍。每每見到路邊停了一堆車子就表示有稀奇的動物可看，透過許多獵人的「槍口」（鏡頭），我終於「親眼」看見好幾隻在草地上發呆的肥胖灰熊、雪地上跳躍玩耍的小狐狸，以及鬼鬼祟祟試著獵捕烏鴉的灰狼。

然而最讓我印象深刻的場景並不是奔騰壯闊的上瀑布、噴發數公尺高的老忠實噴泉或成群奔跑的美洲野牛，而是麥迪遜營地旁的麥迪遜河景。到達園區的第一天晚上，結束一整日的驚奇之旅後，我和呆呆簡單做了兩個花生巧克力三明治，泡了一壺熱伯爵茶，兩個人散步到河畔的空地坐下，靜靜看著滿月從地平線升起，從鮮豔的橘紅色漸漸變幻成溫潤的鵝黃色。暮光消逝前的魔幻時刻，月光在麥迪遜河面上留下一道長長的倒影，河畔邊陸續出現幾頭依稀可見的白尾鹿，跟營區裡營火升起的煙霧一樣，漸漸消失在黑暗之中。

死谷沙丘

結束黃石國家公園的行程，在長途跋涉回洛杉磯市區的途中，臨時起意到南加州的死谷國家公園看看。前一年走 PCT 時曾登上美國本土最高峰的惠特尼山，從海拔四四二一公尺的峰頂往下看，東邊有一塊不毛之地叫做死谷，裡頭的惡水盆地是全美國海拔最低的位置，約有地下二十八層樓之深。每年七月盛夏，這裡會舉辦一場號稱全世界最嚴苛的馬拉松比賽「惡水超級馬拉松」，參賽者必須在四十八小時之內從惡水盆地（海拔負八十五公尺）直奔惠特尼登山口（海拔二五四八公尺），完成距離兩百一十七公里的超馬挑戰。

離開死谷的那天，為期一個月的公路旅行即將畫下句點，白天溫度高達攝氏四十度的梅斯基特沙丘，在清晨時分的氣溫低得有些涼意。隆起的沙丘上，自然形成的波浪紋路是風存在的證據，經過一夜吹拂，前一天細沙上的遊客腳印已消失大半。不過仔細一瞧，沙漠跳囊鼠的小足印仍清晰可見，不曉得昨天我們躺在車上看滿天星光的時候，牠在忙些什麼事情？

這裡沒有河流、沒有湖泊、沒有森林、沒有大型動物，只有岩塊、沙丘和寂寥的景色。但令人意外的是，在看來如此死氣沉沉的地方，竟也能從細微之處發現生命和時間的推移。單調的景色像是詩意的留白，給足了沉澱的空間，讓我們在一連串緊湊的行程後獲得喘息，是這趟公路旅行中，少數親身見證「自我存在」的時刻。用留白填滿空虛是有點難以想像，但幾年前短暫居留在臺灣東海岸的時光，面對巨大的海洋，讓我理解到「空白」是人生不可或缺的養分，能夠不急著填滿就不要填滿。

冰涼的沙子在陽光出現後漸漸變暖，光腳丫受不了那溫度，於是盡快結束沙漠的探險回到車上。離開前，我們在一九〇號公路旁的小型加油站把油箱填滿，接著往西銜接到三九五號公路，熟悉的內華達山脈再次於眼前展開。一邊在車上細數在那座光之山嶺徒步的往事，一邊停靠在當時住過的旅館、吃過的餐廳、逛過的商店，甚至把車開到惠特尼山口，追尋曾經走過的足跡。回憶像熱鍋上的爆米花一一迸現，散發一股香濃的甜奶油味。歌德認為，任何人都能隨心所欲挑選想走的路徑，但終究要回到命運安排的道路。而內華達山脈與我的命運早已產生了不可分割的連結，總有一天會再回到那條公路、那條山徑。

開車繞了三千多公里，終於回到洛杉磯的玫瑰盃球場。U2演唱會開場後半小時，耳邊傳來〈Where The Streets Have No Name〉的前奏，這時舞台後方寬幅達六十公尺的超大型電子螢幕上，畫面由一顆巨大約書亞樹的剪影，突然切換為一條在沙漠延展的筆直公路，鏡頭慢速往前方的盡頭移動，兩邊荒蕪的風景與白雪覆蓋的山脈看起來很熟悉，似乎才剛存進大腦的記憶。所有觀眾全都為這突如其來的橋段所震撼，我和呆呆半餉說不出話來，只聽見全場激動的吶喊與掌聲，情緒沸騰到最高點，想要張開雙手，用力捕捉讓自己不要墜落的無形物體，卻發現身體好像早已漂浮在半空之中。

波諾打開菸嗓嘶吼：「我想要拆除這座將我束縛的高牆，我想要接觸外面的世界，去觸碰生命的火焰，當我站在無名的街道。」[*9]

我看見螢幕出現一位男子的背影，低頭獨自行走在公路的右側，落寞的身影看來漫無目

的卻又如此堅定。然後鏡頭持續前進、前進、前進，毫不停留，拋下那位男子，往無名的公路前進。

9 英語歌詞原文：「I want to tear down the walls that hold me inside. I wanna reach out and touch the flame. Where the streets have no name.」

04
廢墟情結
冰島公路即景——

三十二號公路

冰島的秋色極美，但不是楓葉轉紅後那種繽紛、繁複的美。實際眼前所見，多半是一望無際的灰綠色苔原，偶爾一旁點綴大片大片的枯黃芒草罷了。但在如此單調、重複、了無生氣的低彩度風景裡，所有樹林都換上一件耀眼的金黃色新衣，濃烈地無法盡收眼底，幾乎要從眼眶裡滿溢出來。而且由於緯度較高，即使日正當中，陽光射入的角度也一概傾斜。暖和誠摯的色溫，將北國的寂寥、空白襯托出獨一無二的風情。美中不足的是，觀光客太多了，即便入秋後就是冰島的觀光淡季，惡劣多變的天候仍無法嚇阻前仆後繼的人潮。

駕車遠離人滿為患的「金圈」（The Golden Circle）風景區範圍，切換至三十二號公路之後車潮明顯減少。夕陽將偌大的草原照得金黃，一團團白色的毛球在餘暉下緩慢移動，很像蓬鬆的棉花糖，定睛一看才發現是綿羊，三三兩兩悠哉地聚在一塊兒吃草。微風輕輕吹過，綿羊身上的毛髮也跟著微微擺動，像扶疏的芒花，因逆光而在輪廓周圍散發柔和的光芒。

冰島人口只有三十五萬，和整個花蓮縣的人口數量差不多，但綿羊的數量據統計有高達四十二萬頭，自一千年前由維京人引入後始終維持優良的純種，而且每一頭羊都有自己的名字，依規定還不得重複，真是煞費牧場主人的苦心了。閉鎖的孤島是一種保護機制，但生物也因此變得相當脆弱，幾次外來物種的入侵差點滅了大部分的羊群，所以冰島政府對動物進出口的政策非常嚴格，例如禁止不同品種的綿羊雜交，以及踏出國門的純種馬匹永遠不得返回冰島，甚至連二手馬具設備也不得進口，在第一線把關物種血統純正，同時隔絕外來病毒與細菌。

此外，這些毛茸茸的可愛動物，擁有可能是世界最高的「羊權」。根據法律明文規定，這些羊兒可以自由出入任何一塊草地吃草，即使是私人土地的主人也不得拒綿羊於門外。當然，地主可以建設圍籬，但如果被突破防線也不能將綿羊驅趕。老實說還真像地痞流氓，很不像話，但是太可愛了，完全可以原諒。題外話，冰島的羊肉相當好吃，沒有騷味。

暮色四合，除了交通流量最大的一號公路以外，冰島路上幾乎沒有路燈，幽幽暗暗讓人昏昏欲睡，呆呆稱職地找話題聊天，或是從手機的離線歌單尋找能一起大聲合唱的歌曲。開了好久，終於找到一處公路旁的營地，在黑夜中將帳篷搭好，關掉頭燈後，我盯著天空中一道白色雲霧，淺淺淡淡地，像山嵐一樣微微流動。曾聽說極光出現時一般人並不會察覺，因為並不是每一道極光都像網路上的照片，顏色能夠呈現得那麼鮮豔、飽和，所以用肉眼觀察

很容易錯過。半信半疑拿起數位相機拍攝，曝光短短幾秒後打開預覽畫面，這才真的確認那就是朝思暮想的極光，當下興奮地放聲驚呼，不敢相信就這麼毫無預警地與奧羅拉女神邂逅。我在手機記下當時的經緯度，64° 02'32.9"N 20° 15'15.2"W，紀念這個特殊的時刻。

極光爆發的時候像輕柔飄揚的絲綢，呈帶狀往東西兩邊擴散，泛起陣陣漣漪，像漫不經心拍打的海浪，有時更激烈地像強風吹拂的旗幟，北美印地安人稱之為「舞動的精靈」不是沒有道理，只要親眼看過一次，永遠都不會忘記極光蘊藏的溫柔和狂野。但隨即搞清楚美麗的極光竟然得透過鏡頭才能看見的時候，就像網路上常見被誇張修飾過的銀河照片，那一股激烈的感動也隨著逐漸消逝的光芒淡入黑暗。往後兩週，即使還有欣賞極光的絕佳機會，卻怎麼也提不起勁了。

五十四號公路

原本規畫逆時針環島，結果才出發第三天，就因洪水沖毀主線一號公路的南段，導致全島交通大亂，官方預計修復時間在一週之後。我們的行程被迫更動，當下決定立刻回頭，改採順時針的方向繼續旅行。對遊客來說，這相當令人頭痛，訂好的旅館、行程計畫全都打亂；但對當地人來說這似乎是家常便飯，沒有人抱怨什麼，就像他們放羊吃草的態度，面對多變的天候總能用平常心和幽默感對待。

當地人有句口頭禪叫「þetta Reddast」，意思是「一切都會好轉」，用臺灣人的說法可以翻譯為「船到橋頭自然直」。這句話反映了冰島人在經歷舊時的貧窮、奴役和近代的金融危機，同時克服火山爆發、漫漫嚴冬、和各種糟糕氣候主宰生活的窘境後，所延伸出來的生活哲學與態度。

冰島當地最知名的戶外品牌叫66° NORTH（北緯六十六度，北極圈的界線）創立於西元一九二六年。記得第一天抵達首都雷克雅維克，在市區逛街時看見專賣店裡一件短袖上衣，胸口有句英文標語寫著「Waiting for summer since 1926」——自一九二六年開始等待夏天的蒞臨。

「那妳等到夏天了嗎?」我打趣問了站在一旁的年輕女店員。

「還沒呢。」她苦笑回答。但事實上冰島真的有夏天，只是存在感大概跟肉眼看見的極光一樣薄弱吧。

改變旅行方向後，從一號公路接到五十四號公路，預計在斯奈菲爾半島過夜。這座半島突出於冰島西海岸，細細長長，上頭盤踞一座同名的斯奈菲爾火山（Snæfellsjökull）。山峰終年積雪，被一條冰川覆蓋，時常隱身在繚繞的雲霧裡。這遺世的場景是科幻小說《地心歷險記》裡設定為通往地心的入口，本書在一八六四年發表時冰島尚未脫離丹麥獨立，居民仍住在茅草和泥土造的矮房裡，相信小精靈的存在，相信島上生活著各種鬼怪。也許是這樣神秘的背景才受到作者儒勒・凡爾納的青睞，將它納入小說裡的重要場景。

往斯奈菲爾半島前進的這三小時車程，我們著迷於公路旁不知名湖面上氤氳的水氣，或者雨後煙波浩渺的雲霧，以及遠方絢麗蒸騰的彩霞，那些無法捉摸的物質彷彿才是這座孤島的主角，含有深沉古老的精神意義。這是來到冰島後，首次體驗公路即景所挾帶的魅力，巨大、遼闊、孤寂，超越美國西部的原野，超越澳洲沙漠的紅岩。延伸到盡頭的蜿蜒公路，喧賓奪主地讓大山大海變成了配角。

持續往西邊行駛，天色漸暗，緩緩落下的夕陽，以極具誘惑的姿態勾引著我們的目光，如同暗房微弱的燭火、營地燃燒的烈焰。直覺上人類屬於趨光性生物，身體的視線、動線皆往光源靠近是很自然的行為。但偏偏宛如光之灰燼的夕陽可以不受本能影響，讓人主動迎向逐漸消逝的光芒。

從生物學角度來看，根據研究，昏暗的光線能刺激大腦深處的松果體分泌更多「褪黑素」，這種神奇物質可以舒緩睡眠障礙，或許能夠用來解釋潛意識受夕陽吸引的原因。而從哲學角度探討，松果體不只是人類生理時鐘的機芯，掌管晝夜節律，笛卡兒甚至認為，松果體這人體最小的器官，以單一獨立的型態藏於頭殼深處，在成雙成對的大腦組織裡佔有獨特的重要地位，所以他稱松果體為「靈魂之座」，是思考能力與肉體的連接點。近代玄學更將松果體視為「第三隻眼」，能夠啟發人類深層的靈性。

村上春樹形容斯奈菲爾半島的美，是「無法收進相框的那種美」，如果透過鏡頭拍攝可能就會轉變成完全不同的東西。他說那種美「只能收進記憶的不可靠抽屜裡，靠自己的力量搬運到某個地方去。」姑且不論靈魂存在與否，斯奈菲爾半島的夕陽，的確盤據在大腦裡某個不可抹滅的容器裡了。

一號公路

一號公路環繞整個冰島，運量相當繁重，是全國最重要的幹道，「開好幾個小時一輛車也沒看見」這種令人期待的事情從來沒有發生。被洪水沖毀的路段在南方的霍芬鎮（Höfn）附近，經過一星期的努力修復終於搶通，很幸運地，順時針繞到南邊的時候剛好可以通過，我們又參觀了幾個景點，並在結束瓦特納冰川的健行後往西續行，打算以羽毛峽谷（Fjaðrárgljúfur）為這趟旅程畫下句點。

環島之旅接近尾聲，心裡已有了點倦怠，但原因並非應接不暇的山水風光，而是身處曠野時，卻被擁擠的人潮劃出一道缺口，旅行的興致已不像啟程時那麼飽滿。

冰島的觀光產業相當興盛，但在硬體尚未銜接上來，人力也未能補足之前，我隱約能感受到當地人心裡隱晦的糾結，大概類似臺南的朋友抱怨每逢週末因為排隊的觀光客太多而喝不到魚丸湯的心情。但也許更嚴重一些，許多不守規矩的觀光客像綿羊一樣，任意出入禁止跨越的區域，踐踏原野裡得來不易的苔蘚，連圍籬都擋不住，比綿羊還不懂事。我不曉得冰島人如何處理這種情緒，但從當地電影、電視劇的題材時常圍繞在懸疑、冷峻的刑事案件上，似乎可以從中略知一二。

冰島嚴寒的氣候不利植物生長，滿布全島各地的苔蘚是經過千年累積的成果，脆弱得禁不起人類的踐踏，一旦遭到破壞，恢復成原貌的時間往往得花上數十年之久。然而在許多熱門的風景區，常常可以發現遊客為了留下紀念照，刻意忽視風景區裡醒目的警告標語，擅自跨越圍籬或護欄，在一大片芥末綠的苔原上踩出一道光禿禿的黑褐色路徑，而這些路徑又一再被視為默許的步道，吸引更多遊客循跡踩踏。我們親眼看見兩位年輕人跨過防線，只為了使用空拍機在禁止區域裡拍攝一般人無法捕捉的畫面。

我以為空拍機就是為了提供不同視角所發明的機器，讓人得已接觸無法涉足的地點。這讓我百思不得其解，也感到十分難受。打開手機，在 Instagram 搜尋羽毛峽谷的標籤，發現最熱門的那幾張照片，就是在剛剛經過的禁止區裡所拍攝。畫面中的遊客大力展開雙手，臉上掛著燦爛的笑容。

黑白紀實攝影大師薩爾卡多（Sebastiao Salgado）認為「一切就和接近人類和動物一樣，要拍攝大自然，就得感受它、喜愛它、尊重它。」然而我卻一點都感受不到尊重，往後看到那類在峽谷深淵或崇山峻嶺拍攝的照片時，總不免想起這段經歷而感到困惑。

當刻板地認定冰島是蒙上一層面紗的神秘國度——事實上早已不再神秘——遊客們似乎奉行著某種不成文的秩序，在腦子裡鍵入「夢想」「冒險」「突破」這類關鍵字，但往往搜尋結果皆是一樣的平淡、乏味：在同樣的景點拍照打卡，吃同樣的排隊料理。旅行最大的樂趣在於「發現」，視覺、味覺和內在知覺的新體驗會讓人重新發掘自己。然而當這座美麗島嶼被賦予的角色如此扁平，旅人的視野只會漸趨狹隘，並且一再複製相同的旅行經驗。這相當令人沮喪。

離開令人哀傷的羽毛峽谷，我們沿一號公路繼續往西移動，途中會經過艾雅法拉冰蓋附近的 Sólheimasandur 黑沙灘，在距離公路主幹往南約四公里的沙灘上，有架一九七三年迫降的美軍 DC-3 Wreckage 飛機殘骸，聽說位置相當偏僻，得依靠 GPS 座標才能找到，非常神秘，也很耗費體力。然而那如末日廢墟的景象還是有一股莫名的吸引力，我直覺判斷那應該是一處尚未被人潮淹沒的地方，顧不得累積兩千多公里的疲倦，也為了填滿羽毛峽谷造成的空虛，決定無論如何都要到那裡一探究竟。

但事實讓人失望，它根本一點都不神秘。仔細規畫的停車場裡，塞滿一排又一排的車子，前往殘骸的黑色沙灘上踏滿了足跡，連綿四公里的路徑兩旁，甚至有一整列整齊的黃色塑膠警示柱。絕對不可能迷路，也完全不需要精密的儀器來指引方向，「秘境在這裡噢！」只差沒有掛上這種讓人暈倒的標語。一件因意外造成的人造廢棄物，在以渾然天成的壯麗風景而聞名的冰島上受到關愛，老實說實在是非常詭異的現象。飛機旁站滿了人，殘破的機艙裡、坑坑洞洞的機翼上也全都是人，要拍一張無人的照片真的非常困難。人群讓我倍感壓力，破壞廢墟本該呈現的寧靜，於是匆匆拍完幾張照片就落荒而逃了。

有此一說，「廢墟情結」是因為現實生活累積的焦慮而造成。所以當置身在時間彷彿靜止的場景裡，傾頹斑駁的建築、物體，以曾經活躍卻死去的狀態存在時，會給人一種「事情已經結束」的解脫感。意識到塵埃落定，沒有任何待辦事項和遺憾，內心就能得到釋懷而平靜。

喜歡接近大自然可能就是因為類似的情結作祟，為了體會時間暫時凝結的美，為了感受那一點點塵埃落定的解脫，才會一直往杳無人跡的山裡走去。當理解這件事情，試著以同樣的邏輯來推論，我才終於明白，為何在原始而遼闊的土地上進行公路旅行會如此迷人。澳洲艾爾斯岩的經驗是如此，美國中西部的經驗也是如此。那些彷若亙古不變的山峰、峽灣、瀑布、河流和冰川，事實上仍時時在變動，但在高速馳騁的車子裡，大自然變動的速度從眼裡看來是如此地緩慢，緩慢地像靜止一樣，心境如同置身廢墟。

05 今日的雨是明天的威士忌

蘇格蘭西高地步道——

半夜從冰島搭乘早班廉航抵達格拉斯哥國際機場，若不是入境大廳牆面上一張蘇格蘭高地風景的大圖輸出海報，單從飛機上俯瞰的單調地景和陰暗的天空，好像無法讓大腦產生時空已然位移的知覺。離開攝氏零度的冰島，來到十度的蘇格蘭竟然覺得有些悶熱，斗大的汗珠從前額流下，但這生理反應也有可能來自心理的緊張。往後幾天的高地徒步之旅充滿未知，這喚起前一年走PCT的感官記憶：焦慮、不安，但也帶著怦然的興奮。機場裡來來往往的遊客很多，不少人身上扛著健行用的登山背包，手持登山杖，似乎都往一樣的方向前進，猜測也是要跟我們走同一條步道的人。發覺他們臉上的表情和我一樣，像是拿到遊樂園入場券的孩子，等待驚奇發生。

自從結束PCT的旅行，將近一年都沒有再走距離較長的路線。身為一個「卸任」的全程健行者，當時連續鍛鍊五個月的肌肉已經消失大半，體格也不再精實地彷彿為走路而生，但身心仍不時在暗地裡接受山徑的呼喚，對徒步旅行的思念越來越深，渴望走在陌生的道路，讓道路再一次雕塑自己。我想念在步道的生活，想念走路才能遇見的風景，想念由起點走到終點不需折返的義無反顧，想念走到陌生小鎮洗去一身疲憊後，坐在某間廉價餐館將碗盤裡的食物全數清空。

然而我最想念的，是忘記自己身在何方的自由。

看過一部紀錄片，影片主角基里安・霍爾內特（Kilian Jornet）是來自西班牙野跑好手，也是極限登山、滑雪的菁英運動員，年紀輕輕就贏遍世界各大越野賽事的獎盃，歐洲知名的山峰都有他的足跡，更曾創下兩小時內攻頂馬特洪峰的世界紀錄。但是過早成名讓他承受極大的壓力，他開始討厭人群、討厭媒體，所以和另一半搬到挪威鄉下，享受遠離鎂光燈聚焦的樸實生活。

「我們幾乎每天都在家附近爬山，但是我不知道任何一座山的名字。」基里安說，「在那裡，我爬的是山，不是名氣。」這很接近我們在陌生土地長途跋涉的感受。

在陌生的野外健行，常常一段時日過去，大腦便會產生地差混淆的錯覺，足下的經緯彷佛抽離。**我究竟身在何處呢？**假設山沒有名字，沒有高度、距離、編號，正如對陌生人的背景、年齡、喜好皆一無所知，進入一座山或是接近一個人，必定是接受某種純粹的召喚，無關邏輯、律定和符號，因此行走在任何一片樹林所感受的震顫才會如此迷人。大自然和我們互不干涉，山川河流一草一木，我不認識你，你不在乎我，這天走過的風景隔天就拋在身後。忘記時間、忘記地點，最後忘記選擇，享受漫無目的迷路在某處某地的自由。

每個人或許都體驗過這種快樂，透過閱讀、音樂、運動……任何一件能夠全心投入的事情。只是就個人經驗與喜好來看，長距離健行是我能想到最快速、最直接，讓自己重新抵達那個狀態的捷徑。

西高地步道（West Highland Way，簡稱WHW）於一九八〇年開放，全長約一百五十四公里，是蘇格蘭第一條長距離景觀步道，被公認是當地景色最優美的路線，也或許是深入體驗蘇格蘭高地曠野之美的最佳方式。每年約十二萬人使用這條步道，其中約有三萬六千人走過全程，大多數人選擇由南向北，從距離格拉斯哥（Glasgow）北邊十公里的小鎮米爾蓋（Milngavie）出發，一路向北，途經羅夢湖國家公園、格倫科峽谷和不列顛群島最高峰本尼斯山，穿越蘇格蘭高地最精華的景區，抵達依傍林尼湖畔，自古被稱為「高地門戶」的威廉堡（Fort William）古城。由於坡度起伏平緩，海拔大多在一百至五百公尺之間，難度不高，平均完成時間只需要一個星期，官方建議的行程安排也多推薦七天的方案。

步道加上起終點共有十三個補給站，間隔最短三公里，最長二十四公里，每個站點都有背包客棧或民宿可過夜，提供早餐、袋裝午餐和晚餐的服務，也有小型商店能補給物資，所以不需要背負太多裝備和食物，是一條可以輕裝上路的簡單路線。換言之，去掉帳篷、睡袋、爐具和糧食的重量與體積，大概二十五公升容量的小背包就足以應付所有需求。而在已經發展成熟的西高地步道上，當地業者甚至提供行李接駁的服務，每天早上會有專人到民宿收背包或行李並幫忙送到下一個住宿點，一個人只要付出四十五英鎊的代價即可。要是有哪一天狀況不好懶得背背包，只要付出七英鎊，接駁業者也能滿足單一行李的運送需求。想像一下，可以每天從托運的行李箱拿出香香的衣服換洗，這是多麼幸福的事情。根據統計，西高地步道一年可為當地帶來五百五十萬英鎊的觀光收入。

但如果想要全程重裝自炊，並在沿路野營過夜也完全沒有問題。根據「蘇格蘭戶外通行準則」[*10]的規範，任何人都有權利使用蘇格蘭的土地從事各種休閒活動，這當然包含野地露營。所以只要不損害地主權益、關愛環境，並對自己的行為負責，簡單來說不要亂搞，做什

10「蘇格蘭戶外通行準則」（Scottish Outdoor Access Code），是依據當地古老傳統和通行北歐的「漫遊自由」主張（Freedom to roam）所制定的成文法案，正式生效於二〇〇三年，聲明所有人都有使用大部分土地和內陸河域的權利，無論公有或私有，都可以在秉持自我約束和互相尊重的原則範圍內，從事娛樂、教育、運動和休閒等活動。「漫遊自由」的主張也被稱為自然享受權（Right of Public Access to the Wilderness）或每個人的權利（Everyman's Right）。

麼事情都可以被允許。

西高地步道一年四季都適合健行，每年春天是最熱鬧、最多人上路的時間，尤其在五月，旅館住宿可能一位難求；夏天較暖和，但是惱人的小黑蚊橫行高地，可能不是最佳選擇；秋天是公認最美的季節，只是得忍耐常態出現的暴風和暴雨；十一月開始到隔年三月的冬天會下雪，路徑可能會被雪覆蓋，安全起見，官方建議徒步者需具備雪地經驗並準備導航設備。然而不論何時出發，據說都絕對不可能躲過蘇格蘭惡名昭彰的降雨。當地人自嘲：「蘇格蘭很美，卻一直在下雨。而且即使這一刻沒有下雨，天氣也是處於快要下雨或是剛下完雨的狀態。」也有人笑稱：「我喜歡蘇格蘭的夏季，那是我一年當中最喜歡的一天。」

這些玩笑話很幽默，但在我耳裡聽來真是冷汗直流，對極度厭惡雨天健行的我來說，走在蕭瑟荒蕪的高地，讓溼冷的秋雨淋在身上不會是太有趣的事情。用最悲觀的角度來看，接下來幾天，無異於要主動面對一場無法避免的災難和酷刑。還好這回時間有限，沒有計畫要走完全程，我們僅取尾段，由倒數第五個補給站奧奇橋（Bridge of Orchy）出發，預計花三天時間走完約六十公里路程，而且因為不想背濕帳篷走路，決定稍微享受一下，每晚都選在民宿或旅館過夜。心裡默默祈禱，希望老天爺能為我們破例，騰出整整三天的晴朗。

從機場搭乘公車到格拉斯哥市區，時間還早，到奧奇橋的巴士尚未出發，我們趁轉乘空檔進行整裝，在熱鬧的大街上採購需要的瓦斯罐、行動糧和一件新的雨褲。遊蕩在陌生城市，耳邊盡是讓腦袋打結的蘇格蘭腔英語，讓我悄悄繫緊背包腰帶，想讓背包再靠近身體一點以博得更多安全感。種種徒步旅行的忐忑和惶恐，都是好一陣子沒有經歷的事情了，但也因為這些情緒而勾引出各種難忘的回憶，有好有壞，心情難掩激動。

往奧奇橋的車程有四個小時，窗外始終陰雨綿綿、烏雲罩頂。睡夢中感覺到巴士靠站，張開惺忪的眼睛，看到站牌旁有一排表情絕望的健行者，似乎想搭車跳過下雨的路段。我打開手機查詢氣象預報，看見畫面上一字排開雨傘、閃電和烏雲的小圖案，顯示未來連續一週有百分之百的降雨機率。平時頗能享受雨天健行的呆呆見狀後，臉上竟也出現木然的表情。

天黑前巴士終於抵達奧奇橋，那是一個非常鄉下的地方，小鎮人口數只有一百五十人左右，下站後除了一間老式旅館和我們要下榻的小民宿之外，僅有稀稀落落幾間白色的平房，比想像中的偏僻還要偏僻。晚上在民宿整理裝備，我跟呆呆從背包拿出在格拉斯哥市區新買的雨褲，這個平時登山總希望備而不用的東西，也許是未來三天都不用脫掉的配件了。關燈入睡，此時窗外下起一陣暴雨，直到天明也未曾停歇。

民宿主人就和我們住在同一棟房子，是一位態度非常和藹慈祥的阿姨，一頭金色與白色相間的短髮，說話輕聲細語，臉上總是帶著親切的微笑。一早在約定好的七點半就過來敲門，提醒吃早餐的時間到了，非常準時，隨後立即退身回廚房，維持最低限度的打擾。餐點非常豐盛，有熱咖啡、烤吐司、香腸、炒蛋，也有新鮮的水果、優格和燕麥。但早餐時間越是美好，對比窗外的淒風苦雨心裡就越感折磨，很想躲在室內耍賴不走。可是人都來了，該面對還是得面對，整裝後走出民宿，在綿綿陰雨中埋首接下來的二十公里路程。

奧奇橋得名於鎮上跨過奧奇河的奧奇石橋，在十八世紀中葉建成，供路過的旅人、移動的家畜和戰時的軍隊使用。走到橋上環顧四周，奧奇河因為降雨變得十分湍急，陰暗的天空讓滾滾河面呈現了無生氣的石墨色，烏雲籠罩不遠處的鯨背狀矮丘，情景只有慘澹二字可以形容。渡過石橋後就是路段的起點，一踏上步道立刻遭遇一堆爛泥，小徑變成水道，水深高過腳踝，左看右看也找不到踏點，沒有心理準備一出發就遇到這種狀況，讓我跟呆呆在雨中失聲大笑。回頭看見身後一對男女，一副受夠了的模樣，見狀後直接撤退改走公路。判斷應該是出發第四天的徒步者，已經飽受連日風霜而失去耐性，而我可能剛好見證他倆理智斷線的瞬間。好一個美麗的早晨。

爬過一座低矮的山嶺，泥濘小徑轉為斑駁的柏油路，寬度僅容一輛車子通過，一座木造的老屋子就緊鄰在馬路旁，周圍沒有其他住宅，只剩一間服務徒步者的老旅館在旁作伴。這是古道演化為現代公路的特徵，顯示過去這裡是有一定流量的交通要道。若將時間回溯到更久遠的過去，十八世紀初，這條路是古早時期牧人趕牲口的路線[*11]，牛群羊隻擔任先鋒踏出一條獸徑，一如美洲的水牛、非洲的大象，會依照習性，在未經開墾的原野裡找出水源的方位，

隨後人類再從中選出幾條最有效率的路線，鋪上更方便辨識和行走的石塊成為步道。接著步道演變為篷車可通行的馬路，而當路線距離擴張到一定程度，往來城鄉的馬匹和商人需要休息，設置在中途的驛站、旅館和商店便開始出現。當進駐的人口越來多，出現城鎮等級的規模，曲折蜿蜒且使用率低的郊外道路會被淘汰，筆直寬敞的馬路會發展為更大的路網。公路連結文化、語言、貿易，帶動經濟發展，最後形成現代化都市。

但很明顯地，這座小村落沒有持續發展，反而因為某種原因而停滯，凝結在某個時空。從屋子的外觀判斷裡頭還有人居住，只是門窗緊閉，幾乎感受不到人的氣息，讓這些老屋看起來像要報廢的片場道具。十月正值野鹿的繁殖季，一旁的樹林裡有好幾隻紅鹿在吃草，距離屋子不遠，生活圈和人類有不少重疊，數量可能比人還要多。如果人口持續外移，腳下這條路徑一旦失去使用價值就不會有人維護，等到叢生的雜草覆蓋路面，公路漸漸恢復成小徑，某天會有一顆種子隨糞便落在日漸肥沃的土地上，經過蘇格蘭純淨雨水的灌溉，在來年冬後

11 將牲口從蘇格蘭高地趕往低地的市集，是十八世紀蘇格蘭高地的主要經濟模式，牲口移動的路網被稱為「趕牲路」(The Drovers' road)。

冒出綠芽，日復一年逐漸長成一顆赤松，接著落下更多種子吸引更多新移民，昆蟲、蜜蜂、小動物一個個進駐，最後這個地方會從地圖上消失，成為一片沒有名字的森林。若不是一個又一個徒步者雜沓的腳步不斷介入，路過的旅人輕輕擾動這座停滯的村落，讓它凍結的歷史河流獲得一點推進的動力，否則也難逃被時代淘汰的命運。

步道轉進一個由柵欄阻隔的入口，有一塊綠底白字的路標寫著：「通往格倫科的趕牲路。禁行車輛。請勿偏離步道。」

跨過柵欄發現路面的外觀和材質不大一樣，約兩公尺寬的路面由尺寸接近的石塊鋪成，邊緣圓潤，明顯經過長時間的磨損。中央有一點圓弧形的突起，邊緣隱約可見兩道淺淺的溝槽，目測寬度和馬車車輪的間距接近，整齊筆直，明顯是過去馬車使用的舊道。再往前幾步，在路旁看見一塊解說板，應驗了我的推論。這條十八世紀的軍事道路[*12]，在蘇格蘭高地的叛亂弭平後，由於年久失修，已不堪作為商賈往來和牲口流通的路徑，所以在一八〇三年，英國政府委託工程師湯瑪斯・泰爾福德[*13]協助整建高地的公路網。據資料記載，泰爾福德先花費六個月時間探勘地形，隨後採用古羅馬建築法，從底層依序鋪上大塊岩石、中型礫石和最小的卵石。接著團隊調整了馬路的坡度和寬度，不僅方便馬隊通行，也減少車輪和馬蹄的損毀；路面中央微微凸起則有利排水，避免蘇格蘭過量的雨水損毀路基。這套紮實的工法必須動用三千兩百人的工班，總工程耗時近二十年之久。但時間的等待非常值得，高地的公路堅固耐用，讓這條路兩百多年來仍舊維持在很好的狀態，即便汽車革命後已沒有馬車通行，它仍是當地人閒暇散步的古道。

大部分的西高地步道，就是借用這些趕牲路和軍事道路，連接串起一條刻滿歷史痕跡的長路，延展在視野寬闊的高地荒野。行走期間就像在閱讀道路的記憶，一幅文化血脈展開如繁密樹根的景象，活靈活現地出現在眼前。

午後，雨逐漸變小，竟然開始放晴，天空出現一道顯眼的彩虹。微風吹拂，心情明朗了起來，當時走PCT的回憶一幕一幕湧現，特別是華盛頓州喀斯喀特山脈那個路段，潮濕、陰冷，肌膚的觸感幾乎一模一樣。爛泥巴、碎石子路和雨後的彩虹，一切一切都是那麼令人熟悉、那麼令人懷念。

---

12 和趕牲路的時代接近，十八世紀初英國政府為了平定詹姆士黨暴動，喬治一世任命韋德將軍修築軍事道路，這些道路連接趕牲路和鄉間小徑建成，後人稱之為「韋德將軍的軍事道路」（General Wade's Military Roads）。

13 湯瑪斯・泰爾福德（Thomas Telford, 1757-1834）生於蘇格蘭高地的鄉村，父親是牧羊人，但他從石匠學徒做起，成為工程師後致力發展人道建築和公共工程，被譽為現代土木工程學之父。

出發後六小時後抵達國王之家（Kingshouse），這是地名，也是一棟超過百年的古老旅店，是蘇格蘭年代最久遠的有照旅館之一，最早可追溯到一七五〇年代。這棟白色石牆黑色屋頂的建築，孤獨地座落在格倫科峽谷北端的野地，只有一小片樹林相伴，當時的旅館主人抱怨：「一個人究竟要如何在這被上帝遺落的地方討生活呢？」英國浪漫主義詩人威廉．華茲渥斯的妹妹桃樂絲曾經下榻國王之家，她說：「我從來沒有看過如此悲慘又可憐的地方。」

當然現在已不可同日而語，抵達時發現旅館正在進行內部改造，整修期間我們只能入住隔壁一棟嶄新的背包客棧，附設有餐廳、酒吧和熱水淋浴間，四人房上下鋪，附一套舒服的棉被、枕頭，這樣一個床位要賣二十五英鎊，不算便宜，但在這濕冷的荒郊野外，能有一間遮風避雨的旅舍已經很令人滿足了。洗完澡到茶水間煮泡麵吃，也入境隨俗喝了一堆客棧提供的英國茶，熱騰騰的，在冷颼颼的室內喝起來很舒服。窗外有好幾隻來回走動的野鹿，我們睜大雙眼直盯著對方，像是在宣示領地一樣互不相讓。

茶水間除了我跟呆呆，還有來自世界各地的徒步者。美國人、以色列人都聊過一輪後，一位年輕的法國男子進門。他曾與臺灣女孩子交往，所以會一點基本的中文，最擅長的句子是：「我想喝珍珠奶茶」，有夠亂七八糟，但是非常有趣，逗得我們哈哈大笑。天南地北亂聊一陣後，問他出發第幾天了，他說從起點出發已經第五天。隨後得知我們選擇從尾段出發後，他突然正色道：「你知道嗎？你們做了一個非常好的決定。」

「怎麼說？」我把頭輕微左傾，示意他繼續。

他先左顧右盼一會兒，然後小聲地說：「雖然這麼說對蘇格蘭人有點抱歉，但我真的覺得這條步道沒有想像得那麼美……直到今天！從奧奇橋開始的景色，是我這五天以來看到最棒的！」

嗯，不曉得一開始在奧奇橋就撤退的那對男女，聽到這番話後會做何感想。

第二天只有十四公里路要走，按照前一天的步速計算，大概只需要四個小時就可以完成，為了怕太早抵達下一個小鎮，決定睡到自然醒再好整以暇地出發。但天才剛亮，同房兩位大叔就把我們吵醒，兩個人低聲細語在討論些什麼事情，睡夢中聽不是很懂，但隱約可以辨識為：已經淋了好幾天的雨，感冒有點嚴重，決定放棄行程，改搭計程車前往終點。祝他好運。

約莫十點才出發，斬斷對室內暖氣的眷戀，直接迎向風強雨驟的高地山谷。一開始有五公里幾乎與公路平行的緩路，從步道上可以看到格倫科峽谷北緣*14，原本看起來幾乎沒有分別的地貌，在此時出現嶄新的風情。

蘇格蘭高地是一塊地質年代相當久遠的高原，古老的岩層被冰川與河水切割成細長的峽谷與無數零碎的湖泊，地勢平緩，放眼望去像一整片枯黃的牧草原，只是沒有羊群也沒有人跡，更沒有特別突出的山峰，只有連綿的山丘和濕地不斷往外延伸。單調的地景營造一種寂寥的美感，而這種難以形容的美，在抵達格倫科後又變化出不同的層次。從遠處觀望，陰暗迷濛的雨雲緊貼著地面，半空中纖細的雨絲像一幅透光的簾幕，輕輕擺動的樣子像在跳舞，偶有陽光突破雲霧敞開的裂縫，在蜿蜒的溪流上映照出閃閃光輝，如同一把鋒利的彎刀，發出刺眼的光芒。

格倫科蒼涼、蕭瑟又無比壯闊的景觀，被譽為西高地步道的精髓，也是蘇格蘭高地最為人所知的代表性風景。但在當時，我並不理解眼前正是名聞遐邇的格倫科，只記得U型圈谷裡瀰漫虛無縹緲的薄霧，好像已經存在很久很久，從未散去。絕境的氛圍很接近剛離開的冰島，但仔細觀察會發現是完全不一樣的氣息。冰島的地質活動頻繁，火山口和地底不斷冒出蒸氣，暗示被壓抑住的巨大能量隨時都會爆發；但格倫科不同，它像是蜷曲倒臥的巨人，沉睡在終年不散的迷霧裡，任由雨水落在身上。這裡萬籟俱寂，適合需要休息的人，可以停止活動、停止思考，讓大自然的寂靜清空煩惱。

---

14 西高地步道的路線並不在狹義的格倫科冰河峽谷裡面，而是在廣義的格倫科國家風景保護區中。「格倫」(glen) 原意是「峽谷」，「科」(Coe) 則是一條河流的名稱，顧名思義，格倫科峽谷就是科河在高原切割而成的峽谷。

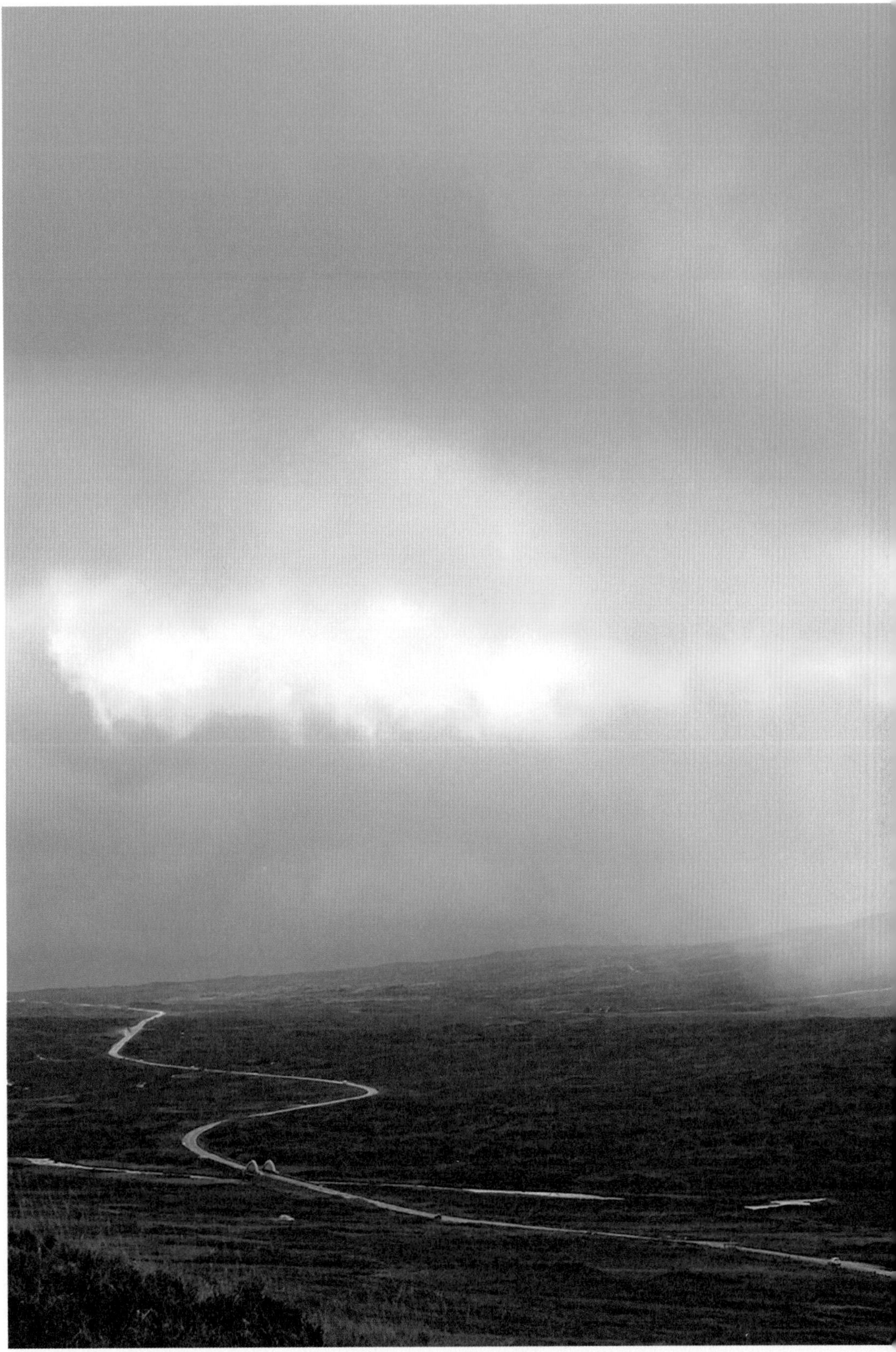

轉身往格倫科的反方向走，接下來有大約兩公里，號稱「惡魔階梯」（Devil's Stairs）的連續爬坡。名字很嚇人，但其實比雪山的哭坡還簡單，真正讓人困擾的依然是下不停的滂沱大雨，連坐下來吃午餐的空檔都沒有。上坡途中，我們看見一位獨自作業的步道維護員，他穿著紅色雨衣，操作一架汽油引擎驅動的手推車，無法判斷工作內容的細節，孤獨的身影在雨中更顯孤獨，甚至有些詭異。我腦中出現好多畫面，大多和懸疑驚悚的情節有關，幻想他正在掩埋屍體，維護員的工作只是掩護，方便他尋找下一個獵物。也不免聯想起一個在記憶裡存在已久的場景，捷克作家赫拉巴爾作品《過於喧囂的孤獨》故事中，主人翁漢嘉在他打滾三十五年的廢紙堆裡寂寥空洞的影子，想像再過三十年，這位年輕的維護員身上將有揮不去的機油味和泥土味。但也許，這位工程人員只是需要一個不用與人溝通的職業，而孤絕於世的高地無疑是最佳的辦公地點。

爬升結束的地方就是西高地步道的最高點，海拔只有五百五十公尺，回頭已經看不見格倫科，它被烏雲藏起來，睡得正熟。在空曠的步道上覺得越來越冷，我開始懷念國王之家冒煙的熱紅茶，雖然只是簡單的大眾品牌茶包，但殘留在舌尖與喉嚨的風味令人難忘，回臺灣試著重溫那味道，但不管怎麼喝都覺得普普通通，後來才知道那是因為蘇格蘭的水質偏軟適合泡茶，而且除非回到高地置身一樣的氣溫和濕度，讓味蕾再次接受蘇格蘭雨水和茶葉的組合，那個念念不忘的味道才有可能被重新複製。

蘇格蘭的雨水還孕育了另一種美好滋味。百年前降落在高地的雨水一部分進入岩層，沉澱過濾後通過土壤成為湧泉；一部分成為縱橫四處的涓流，匯聚之後成為潺潺溪流；另一部分在冬季成為降雪，等待來年春天融化。酒廠利用天然純淨的泉水、溪水和雪水，和高地上種植的大麥，釀造出一桶桶口感甘醇圓潤的單一純麥威士忌。然而「並不是所有雨水都能幸運降落在蘇格蘭，」蘇格蘭人打趣說：「威士忌是生命之水，是所有小雨滴長大後夢想成為的目標。」

距離小鎮最後兩三公里，步道進入針葉與灌木交織的樹林後，景觀再度出現改變。蘇格蘭高地秋天的顏色非常柔和，也許是因為水氣充沛的緣故，霧濛濛地像加了一層濾鏡。金洛赫利文（Kinlochleven）這座人口規模約一千人的百年小鎮，就隱身在這層濃霧之後。鎮上石砌的小屋林立在奔騰的利文河周圍，家家戶戶的煙囪飄出壁爐的白煙，一縷一縷往天上飄去，和從天而降的紛飛細雨相聚融合，然後消失。時間之河再度減速，這裡可能是旅遊指南會草草帶過的地方，也或許不曾提及，只要高地的陰雨不要停歇，它便能永遠保持神秘。

夜裡又下起一陣暴雨。但沒關係，下就下吧，反正終究會變成美酒。「今日的雨是明天的威士忌」我用這句樂觀的蘇格蘭諺語，安慰毫無酒量可言的自己。

徒步最終日，這天是黑色星期五，步行里程有二十六公里，是三天之中最長的距離，我們不敢懈怠，在背包客棧附設的廚房用完早餐就退房了。其實若不打算自炊，沿途的旅店都有販售一袋六英鎊的食物，裡頭有三明治、水果和薯片、巧克力棒。但經過前一夜炸魚薯條的經驗，發現對英國食物好像不能太過信任。

雨很大，可說是三天以來最糟糕透頂的天候，溪水暴漲，路面隨時都有積水，好幾處淹沒步道只能繞路，或是攀爬一旁的欄杆才能通過，如果不是穿了功能優秀的雨褲和防水襪，真不知道要如何克服。出發後一直往前推進了快八公里雨才稍微變小，這時坡度減緩，跨過清澈的溪流，步道進入一條風景優美的縱谷，是小徑轉向北方的巨大隘口。兩旁的草地出現放牧的羊群，白色的身體黑色的頭部，頭頂有兩隻向下彎的羊角，好像隨時都在翻白眼的表情讓我覺得有點可怕，跟冰島綿羊可愛的樣子相去甚遠。

接著經過一座頹圮的廢棄石屋，看起來好像上一個世紀的產物，三角形的屋頂已經塌陷，剩下三根挺立的石柱和幾面爬滿蕁麻和苔蘚的破牆，以建設規模來看像是古早牧人的住所，有水井、糧倉和兩間起居室，座落在與世隔絕的山谷裡。廢墟有個名稱，它被當地人以蘇格蘭蓋爾語命名為「Tigh Na-Sleubhaich」，但除了這個難以發音的名字之外毫無線索。它不像國王之家有流傳百年的歷史，官方也沒有設立解說牌，說明某某曾住過這裡，或有哪位知名的旅人路過。它就這樣「停止」了，湮沒在荒煙蔓草中。

「這就是我會永遠記住的時刻。」離開廢墟後坐在路邊吃早上做好的三明治，我打開夾鏈袋，對著呆呆說：「就像在內華達山脈的麥瑟隘口，當我走到那邊的時候，就知道我會把那個畫面永遠記在心裡。」

小雨轉成細雨，收好背包重新上路，這條縱谷間的小徑好像怎麼走都走不完，但是往後已經沒有爬坡，路程也過了一半，正覺得進入狀況時，第一天在國王之家認識的以色列情侶竟然往反方向走來。

「怎麼了嗎？」我問。

「天氣太糟糕了，我們要撤退回鎮上。」男生回答，女生則是頭也不回默默走開，看起來像剛經過爭吵，也或許只是太疲倦，總之臉色不大好看。其實最苦的上坡已經結束了，接下來都是很輕鬆的路段，心中不免為對方感到可惜。

「如果你不喜歡蘇格蘭現在的天氣，稍等三十分鐘，很快就會改變了。」類似的造句在冰島也有聽過，都是在形容當地瞬息萬變的天氣，但冰島的版本是十五分鐘，表示氣候變化得更劇烈，一小時內可以經歷豔陽和大雪。就身體的實際感受而言，冰島的十五分鐘當之無愧，反而蘇格蘭的三十分鐘很有爭議空間，因為我們已經連續淋雨三天，天氣根本沒有一絲變化。

很快地，經過不列顛群島最高峰的本尼斯山腳，步道接回一般的馬路，車潮人潮慢慢往威廉堡的方向湧聚。很多人會加碼走到本尼斯山的最高點，作為走完全程錦上添花的獎賞，但是我們一點興趣都沒有，只想趕快脫離苦雨的折磨。

最後四公里的人行道像是酷刑，石板路面很硬，走起來腳很痛，很像在臺灣好不容易走出林道，卻還得踢完剩下的水泥產業道路。身體的疲倦，讓我回想起去年將要走到PCT終點的那一刻。五個多月的旅程和短短三天的健行當然很難比較，但心情上都同樣感到一種油然而生的喜悅。

徒步健行之所以迷人，除了可以走進大自然欣賞美景，也能在腦子裡留下許多自我對話的空間。但其實還有個鮮少被提及的理由，就是「終點」這回事。專心調整呼吸、步伐，照顧身體，適時補充食物和營養，在沒有突發狀況發生的條件下，抵達步道終點是完全可以預期的結果。這太簡單了，只要不打算停下，就能走到想去的地方。它不像總是懸而未決的工作報告、考試或惱人的糾紛，彷彿永遠沒有徹底解決的一天。走完，收工，一旦腦子接受事情已妥善解決，就能將它好好收納，心情當然會覺得無比輕鬆。

現代網路發達，知名景點、餐廳和各種旅遊資訊得手太方便，這反而製造出一種集體焦慮——擔心看不到、吃不到、體驗不到，結果出門什麼都跑一遍把自己搞得一身疲憊。問到有什麼感受在心裡駐留？有是有，但好像不會太深刻。媒體為這新世代的現象起了一個新名詞叫「FOMO」，是「Fear of Missing Out」的縮寫，形容社交媒體興起後，因為害怕遺漏、錯過什麼而產生的社群恐慌症，也被稱為「錯失恐懼症」。徒步簡單多了，五分鐘的陽光、流水、斷木和驚鴻一瞥的野鹿，每一個都是珍貴難忘的回憶，這些東西網路查不到，也無法在上面打卡，卻能在心裡永久留存。

走完這最後一段人行道後便抵達威廉堡。城鎮的規模不小，有火車站、四線道公路和各種基礎建設，穿過人滿為患的街道，我們按照地圖指示走到一處不起眼的小廣場，那裡就是西高地步道的終點。廣場的長椅上有一座唯妙唯肖的人形銅像，老先生光禿的前額、眼角的皺紋和臉上滿足、疲憊的笑容，完美詮釋徒步者跋涉多日後的神韻。他感到解脫卻又意猶未盡，坐在椅子上脫掉靴子，翹著二郎腿，雙手按摩痠疼的腳掌和腳踝。他面向碼頭，但閃爍的雙眼望著更遙遠的方向，似乎在盤算著：「接下來還要去哪兒走走呢？」

去年走在南加州的沙漠地帶，我因為受不了幾乎要把人蒸發的高溫，在又累又渴又餓的狀態下，崩潰向呆呆大喊：「麻煩妳下次不要約我走這種又臭又長的步道！」所以應該是體貼吧，或是感到愧疚，呆呆才會特地安排隔年來走西高地步道，只要短短三天，沿途住宿旅館免搭帳篷，而且絕對不怕缺水餓肚子，簡直是輕鬆寫意的豪華行程。但現在突然覺得，這條路好像還不夠長，而這場雨也可以淋得更久一點。

當天晚上在餐廳吃飯，我點了一份用羊雜作成的漢堡，味道依然不怎麼樣。呆呆的雞肉三明治更慘，完全不值一提。做為走過三天六十公里的慶功宴，這一頓晚餐實在讓人失望。結帳後推開門走出餐廳，發現大街上竟然擠滿人潮，一整支身著傳統蘇格蘭服飾的樂隊站在

路中央，連綿的長度超過三個車身，由蘇格蘭風笛手領頭，大鼓和小鼓墊尾，後頭還有數十位西裝筆挺的男子，一列列整齊地排排站好，每個人的雙手都握住一根點燃的火炬，像是要去參加一場盛會，熊熊燃燒的火光搖曳溫暖的光線。現場沒有太多噪音，氣氛莊嚴隆重，人群屏息等待著什麼，很多人拿起相機準備攝影。這副景象完全在預期之外，讓我覺得開門的瞬間好像已穿梭到另一個時空，一座海市蜃樓。

突然一聲淒厲的風笛聲響起，格倫科峽谷沉睡的巨人醒了，霎時蘇格蘭高地的荒蕪、寂寥，再度隨著風笛蒼涼的聲音撞進心臟。浩浩蕩蕩的鼓聲以穩定節奏帶領隊伍往前走，所有人潮也跟著緩緩移動，最後隊伍進入鎮上的教堂，厚重的大門關上，風笛聲也跟著嘎然而止，宛如倏然停歇的驟雨。

事後調查，發現這是一年一度舉辦的皇家蘇格蘭歌曲文化藝術節（Am Mòd Nàiseanta Rìoghail）。這個發源於一八九二的活動，以發揚慶祝蘇格蘭蓋爾文化為宗旨，將語言、音樂和藝術持續傳承給下一代。活動輪流在蘇格蘭不同地區舉辦，上一次出現在威廉堡是一九九九年的事情，兩次造訪的相隔時間有十八年之久。換言之，我們的運氣非常好。

隔天從旅館醒來，我和呆呆走到超市採買食物，身邊沒有任何亞洲臉孔，所以我們很放心地用中文交談沒什麼營養的話題。突然間有人從背後拍了我一把，轉身發現是一位棕髮的外國女子，她瞪大眼睛一臉驚訝的樣子，張大的嘴巴好久都沒有闔上。

「你還記得我嗎？」她打破沉默，輕聲說道：「我想我認識你！」

一時間不知道該如何反應，因為我並不認識眼前這位女子，尤其這一切看起來像是一場詐騙，讓我立刻提高警覺。心想，怎麼會在超市的冷凍櫃前上演這一場久別重逢的戲碼呢？但為了不想失禮，所以也假裝知道她是誰，裝模作樣地開懷大笑，像多年未見的老友，只是任何人應該都看得出來我的眼神正心虛地左右飄移。但突然間，我好像察覺到什麼線索，剛剛的逢場作戲馬上切換成真實的反應。

「等等！我認識妳！我真的認識妳！」換我失聲驚呼了，臉上出現和她一樣的表情。

我那糨糊般的記憶終於恢復，發現她是去年走 PCT 時，在接近終點前一天遇見的徒步者。在那個路段我們一直互相超車，最後在一處繁花盛開的小徑彎道聊起天來。因為身上使用的帳篷是同一個品牌，加上她曾為那間公司工作，而且我們背包裡的帳篷就是由她擔任測試員才能出廠販售，這珍貴巧合的緣分讓我一直放在心裡，卻沒能把她的臉記住。

「天吶！你怎麼會在這裡？」雙方幾乎爆出同一個問句。我無法相信會在如此偏遠的小鎮與 PCT 的夥伴相遇。

「我正要出發走西高地步道，威廉堡是我的起點。你們呢？要去哪裡玩？」她興奮地問道。我想起她的名字叫莉娜，來自瑞典，因為我們的 Hilleberg 帳篷就是瑞典品牌。她的購物車裡塞滿了食物，我瞄到有很多都是當時在 PCT 愛吃的乾糧，接著向她解釋威廉堡是我們的終點，才剛剛結束短暫的西高地步道徒步。接下來一陣寒暄，並在和她分享步道資訊後彼此擁抱。

「祝妳一切順利！」我和呆呆獻上祝福。

「你們也是！」她說。

世界很大，但步道很窄。知道彼此都還走在步道上讓人欣慰，我相信無論多遠，總能在某一條路徑上找到熟悉的身影。

午後，和呆呆在小鎮悠閒地遊蕩，從西高地博物館走出來的時候，我遠遠看見那一對撤退的以色列情侶出現在大街上，一身清爽，看起來像是已經狠狠洗過一場熱水澡。他倆臉上的笑容像是剛離開旋轉馬車的孩子，疲倦、頭暈目眩，但是意猶未盡。

06
我選擇攀登
瑞士阿爾卑斯山脈 ——

在飛機降落蘇黎世機場前，瑞航空姐手拿一籃巧克力，面帶微笑一一分送給睡眼惺忪的旅客，接手過來發現包裝是瑞士國旗的圖案，大紅底色中置一個白色的十字。在手錶仍停留於臺灣時間而精神恍惚的當下，阿爾卑斯山脈的風景便已透過那片巧克力映入腦海。瑞士高度發展的觀光產業，似乎從這一刻便已開始經營。

清晨從蘇黎世機場出境，在大廳很快就找到過來接機的馬可仕身影，身為長毛象登山學校*15的資深嚮導，很難不注意到他那一套橘藍相間的登山服，鮮豔的配色，在身穿低彩度套裝的商務人士中特別顯眼，我想像如果自己在鬧區穿成這樣應該會很難為情，但馬可仕好像很自豪能穿上那套制服，走路抬頭挺胸，洋溢滿滿的自信。他一頭白色短髮，嘴唇上留著也是白色的八字鬍，目測年齡五十多歲，像一般的大叔，不過體態維持得很好，兩頰有剛毅的線條，目光炯炯有神，直覺上是一位非常強悍的人。他時常在確認手錶的時間，一絲不苟，像瑞士幾乎從不誤點的火車。

上車後毫不囉唆，馬可仕先帶我們到市區附近的攀岩館「暖身」，好像這就是他稀鬆平常的早餐。身體還沒有甩開長途飛行的疲倦，但精神上很快就感染到岩館裡活力十足的朝氣，我嘗試在幾條簡單的抱石路線上下攀爬，過過乾癮。休息時走到隔壁另一座空間大得嚇人的室內岩場，看見一對年輕夫妻幫兩三歲的小小孩做攀岩確保，小朋友自在地攀上攀下，無視在他這個年齡應該懼怕的高度；另一位白髮蒼蒼的老先生則掛在五層樓高的人工岩壁，找尋下一個能夠伸手的岩點，姿態看來一派輕鬆。

見識到瑞士人不分老少投入戶外運動的熱忱，讓我想起看過的一部短片。高齡九十四歲的馬賽爾・雷米（Marcel Remy）或許是想在行將就木前再次感受攀登的快樂，決定挑戰這輩子已爬過兩百多次，一條位在瑞士西部山區的經典路線。透過長毛象官方的協助，還有兩位也是登山家的兒子陪伴，他最後成功攀上總長四百五十公尺的垂直山壁，完成近似與山告別的儀式。在險峻的瘦稜上，雷米喘著氣，一臉滿足地說：「我就像所有人一樣，只是我比

---

15 長毛象登山學校（Mammut Alpine School，簡稱 MAS），是由瑞士品牌 Mammut，由專業嚮導帶領並提供戶外行程的機構，可透過網路報名登山、冰川健行、鐵鎖攀岩、高山滑雪、自由潛水等戶外課程。

年輕人更疲憊一點而已。」輕鬆的態度讓人很難相信他其實剛走過死亡的邊緣，那副神情像是二十幾歲年輕人才會散發的光芒。我因而相信，沒有人可以正確定義該怎麼老去，或是如何長大。而一個人面對危險的泰然自若，背後隱藏的是經年累月的紮實訓練以及醒悟般的自覺，這同時也幾乎是各項領域要登峰造極的必要條件。

結束這頓豐盛的「早餐」，短暫休息後，馬可仕立刻開車帶大家前往策馬特（Zermatt），地方靠近接軌義大利的邊境，位在海拔一千六百公尺的山谷裡，周圍被阿爾卑斯山脈的四千米群峰環繞，是一座典型的瑞士觀光山城，也是世界著名的滑雪登山勝地。走在大街上，幾乎從任何一個角度抬頭，都能看見瑞士最著名的地標——馬特洪峰（Matterhorn），以醒目、撩人的姿態昂首群峰。

阿爾卑斯山脈盤踞在歐洲內陸，橫跨多國，是各大主要水系的發源地，為歐洲提供九成的水源。如果河流是孕育土地的母親，那阿爾卑斯山脈可說是萬物之父，是歐洲的心臟。巨大的山脈被畫分為東西兩邊，瑞士國土有六成落在西阿爾卑斯山脈的範圍，一般稱為瑞士阿爾卑斯（Swiss Alps），山勢猛烈的皺摺像是板塊撞擊的中心，突出、尖銳、零碎，與我在義大利多洛米蒂山區所見寬闊的東阿爾卑斯完全不同。但是瑞士人將阿爾卑斯的外觀「整理」得平易近人，塑造為比較適合一般人觀光的型態，不管是重金打造穿越山脈的隧道，或是細心呵護觀光小鎮的環保政策，都看得出瑞士人視阿爾卑斯為自然寶庫的用心。

策馬特是知名的環保無車小鎮，除了少數工程機具，所有燃氣機動車均禁止行駛，遊客必須在鎮外的轉運站改搭旅館接送客人的電動小車或馬車。所以雖然鎮上旅館、餐廳和各式商鋪林立，觀光客很多，遠超出人口數僅六千人的在地居民，卻感受不到一般觀光勝地的繁忙擁擠，而且沒有噪音和空氣的污染，舒服極了，簡直是世外桃源。聽說策馬特曾發生一樁銀行搶案，搶匪的撤退工具竟然是一部腳踏車，而且至今尚未破案。不知道這算當地的老哏笑話，還是觀光業者編出來的謠言，反正我是持保留態度看待。

醒來的第一個早晨，馬可仕領著大家去走一條健行步道，離小鎮鬧區很近，大概二十分鐘就走到小白花步道[*16]的入口。步道的名字很可愛，和沿途的風景一樣迷人，距離總長約二十公里，全程七個小時可以走完。途中會經過有五百年歷史的古蹟聚落「Z'mutt」，大約二十棟年代久遠的小木屋，群聚在海拔一千九百公尺的青翠山谷，可就近觀察瑞士早期居民的生活型態，也可在原地改建的百年老屋喝一杯清涼啤酒。而隨著步道越深入山區，馬特洪峰的

---

16 高山火絨草（Edelweiss）由德文的 edel（高貴的）和 weiß（白色）所組成，是歐洲高山地區夏季常見植物，也是瑞士和奧地利兩國的國花，常被暱成為小白花，因此步道原名 Edelweissweg 一般被翻譯為「小白花步道」。

身影就益顯雄偉巍峨，海拔四四七八公尺高的錐形山體，自信又充滿驕傲，像一只磨得銳利的尖角伺機而動，一有空檔便會毫不猶豫地刺向天際。

翌日，馬特洪峰雪白的頂端已被晨曦染成金色，策馬特的登山行程進入最期待的重頭戲——攀登海拔四一六四公尺的布萊特峰（Breithorn）。它被認為是阿爾卑斯山脈海拔四千公尺級山峰中最容易攀登的一座，最高點位於瑞士與義大利交界處，鄰近馬特洪峰，由起點的纜車站出發，來回主峰只需要短短四個小時。經過前一天在小白花步道的暖身，體能狀態調適得不錯，接下來進入阿爾卑斯山脈，就像走入一部登山的活歷史，即將攀登高峰的興奮感蔓延整個身體。

整裝後，馬可仕帶隊從鎮上的旅館出發，經過幾次轉乘，一站一站往歐洲纜車最高點，海拔三八八三公尺的小馬特洪峰站前進。不到一小時的時間，就能從武陵農場的高度，抵達相當臺灣第二高的雪山主峰遍覽高海拔美景，瑞士的纜車建設實在令人讚嘆，既保留一般人在山區來去自如的便利性，也畫出一條隱形的界線，讓攀登者能在其他難度較高的路線，盡情闖蕩難以觸及的臨界點。

從纜車站走出去，眼前是一大片平坦的雪原，白皙的雪地和繚繞的雲霧讓人看不著山的邊際，如夢如幻，是雙眼未曾經歷過的純白世界。偶爾可從縫隙中瞥見清澈無比的藍天和高掛的豔陽，優雅地映照和煦清透的光線，令人難以察覺正置身於攝氏負三度的室外低溫。瑞士人稱這邊叫「馬特洪冰川天堂」，是全世界最大最高的滑雪場，不少滑雪者從身邊呼嘯而過，一個一個身影消失在白茫茫的霧氣裡。一年有兩百多天待在山區的馬可仕說，策馬特是他心目中最棒的滑雪聖地，可以連滑七天，從一座山滑到另一座山，甚至可跨過邊境到義大利玩耍。他說那叫「義大利麵之旅」，這大概是瑞士人揶揄義大利人的玩笑話，隱約可以看到馬可仕的鬍鬚在微微抖動，露出淺淺的賊笑。如果換作是義大利人的角度，可能會說那是一趟「臭起司之旅」。

穿上雪鞋並謹慎地在身上安裝雪崩救援裝置（Barryvox），馬可仕仔細將繩索套上每個人腰帶上的D環，以結繩並保持適當距離的隊伍形式出發。走在遼闊的雪地，放眼望去，白雪、藍天、雲霧，彷彿靜止，任一個凝結的畫面都像一幅雋永的畫作，寧靜、明亮又優雅。偶爾一陣風過來，將地面的粉雪捲起幾層樓的高度，但不管吹得再怎麼高，也好像觸碰不到環繞在旁的布萊特峰，和它巨大山體相比，雪徑上徐行的健行者身影微小得像一列螞蟻，而雪地上凹陷的腳印像憑空出現似的，因為所有人都彷彿在漂浮。天空藍得發黑，視野清晰地可以將整個瑞士盡收眼底。

原本擔心纜車爬升速度太快——高度在短時間內增加兩千多公尺——會讓身體產生輕微高山症反應，但實際上完全發生沒有這個狀況。我的腳步輕盈，呼吸順暢，全身充滿能量，很有信心能走到布萊特峰頂。只可惜在出發兩個小時後，馬可仕判斷天氣即將變差，並顧慮

到隊友行進速度不一，當下決定不往峰頂前進，選擇立刻繞道沿瑞義邊境返回纜車站。這讓人覺得有點沮喪。我以為自己對高度已沒有慾望和執念了，但在阿爾卑斯面前，我不斷掃射到布萊特峰頂的視線已道盡一切。站在山頂觀望世界的誘惑是那麼地強大，強大到根本無法確認有任何目的與意義，彷彿那一端掛有獎賞似的。但事實上，除了白雪一片和光禿的山脊，那裡了無生機，什麼東西都不存在。

倘若為了某個充分的理由，去追求一個目標、去達到某種境界，會讓一個人無視挫折，奮力一搏；但如果連動機都無法解釋，單純只是為了站在某個頂點，呼應沒來由的內心渴求，那可是會讓一個人徹底瘋狂。或許真正的獎賞，便是那一片荒蕪，沒有任何可以碰觸的形體，再往前一步就是深淵，才會讓登頂這個行為超乎邏輯、崇高無比。自從人類開始進入山區活動後便有無數的哲學家、劇作家和藝術家，以驚人的篇幅和創作表達大自然帶來的心靈衝擊和撫慰，而大自然也總是稱職地施展風雨交加的把戲，讓遭受破壞的心智破繭而出，誕生出一個全新生命和靈魂。然而「崇高的事物具有一些與人意志相悖的東西，」曾徒步穿越大不列顛的蓋瑞・海頓寫道，「這些東西會壓制、威脅或戰勝一些痛苦或恐懼，具有一種美（通常強度令人嘆為觀止），但卻是一種可怕的美。」

沒過多久天氣開始劇烈地變化，原本晴空高照，竟在須臾間濃霧瀰漫，陽光找不到任何縫隙鑽進來，能見度極低，若不是雙腳還緊實地踏在雪地，光從眼前景象實在難以分辨方向，白化的雪山像個巨大漩渦，在四面八方築起白色的高牆，讓人頭暈目眩卻又為這暈眩的感官而著迷，但在看得出神之際又在瞬間驚醒，宛如夢裡深淵的墜落。馬可仕斷然撤退固然令人懊惱，但一瞬間這決定又變得極其明智，朦朧中只看見他搶眼的藍橘制服，不疾不徐地以穩定節奏帶領隊伍返回纜車站，結束一場混亂，也結束我們在天堂的短暫停留，安全返回人間。

回到小鎮的午後，我走進聖莫理斯教堂旁的登山者墓園，當年完成馬特洪峰首登，卻在下山時喪命的米歇爾、道格拉斯和查爾斯就葬在此地[*17]，與其他大約五十個因山難而死的登山者相伴長眠。石刻的墓誌銘記載姓名、簡短生平、出生地和生卒年，大多數年分介於十九世紀，也就是登山黃金年代期間，少部分則落在近代。有些墓碑以生鏽的攀登工具裝飾，有些只嵌入一塊字跡模糊的亂石。墓園裡還有一塊馬特洪峰外型的大石碑，用以紀念所有不知名和屍體尚未尋獲的罹難者。我脫帽致意，追悼早逝的靈魂，原本就很安靜的策馬特變得更安靜了。轉頭看到白茫茫的天空已回復為亮麗的藍色，好像早上在布萊特峰的經歷只是一場夢境。

接著一座不起眼的墓碑吸引我的目光，石板上鑲有一把斑駁的紅色冰斧，握把處插了一束小白花。一九七五年七月二十三日，來自紐約，年僅十七歲的威廉斯在攀登布萊特峰時意外身亡，他的墓誌銘寫著令人動容的「I Chose to Climb——我選擇攀登」。

我選擇攀登。這句簡短、篤定且充滿信念的宣言，出自登山家克里斯·伯寧頓爵士（Chris Bonington）早年的同名著作。他說：「我看待攀登的角度，並不只是站在最高點觀看另一個世界。而是在你面前永遠會有另一道地平線、另一個超越的視野。」為了看見另一道地平線，伯寧頓爵士成為第一位攀上瑞士艾格北壁的英國人，更曾經四度登上聖母峰頂並開創最困難的西南山壁新路線。而為了超越視野，有位年輕人因此命喪異國的深淵。

為什麼要攀登？對某些人來說，「為何攀登」幾乎可與「為何尋死」畫上等號。但這沒有標準答案，也或許不必有答案，若是執意追問恐怕只會碰得一鼻子灰。有些人攀登山岳並不是為了尋求解答，因為答案已了然於心，那是本能、直覺，如同童年喜歡的玩具，你並不理解它，但是它能帶給你快樂，這就夠了。那句鏗鏘有力的「我選擇攀登」並非「我選擇死亡」，沒有人會刻意讓喜愛的事物摧毀自己，是登山者發生墜落，不是登山者選擇墜落。

離開墓園，漫步在街道巷弄，氣氛輕鬆和樂，四處可見扛著背包的登山者往山的方向靠近，或是拎著雪板的大叔在餐廳室外座位喝啤酒、曬太陽。乾淨的空氣，涼爽的溫度，還有傲人的風景，策馬特儼然是座戶外天堂。但是翻開過去的歷史，一百多年前，策馬特只是一

---

17 第四位罹難者的弗朗西斯因為屍體一直沒有尋獲，所以從未安葬。另兩位安全生還的陶格瓦爾德父子，也在死後安葬於同一座墓園。領隊愛德華的墓地在法國的夏慕尼，是首登隊伍唯一未葬於策馬特的例外。

座人口不到三百人的小村落，居民以務農放牧為生，日子過得不算輕鬆，登山這種得與性命相搏的運動，似乎還排不進任何人的待辦事項裡。

國土面積僅略大於臺灣的瑞士，過去因為土地貧瘠、天然資源缺乏，且有三分之二土地位屬不利開發的山區，在二十世紀中葉以前一直是相當窮困的國家，必須仰賴輸出傭兵賺取外匯。窮到沒什麼東西可塞進肚子的情況下，百年前的鄉村居民被迫吃貓吃狗果腹，成為少數人隱晦不談的秘密。另一極具地方代表性的起司鍋料理，在舊時代其實是窮人吃的食物，把即將過期的乳酪搭配便宜餐酒烹煮，和著乾硬的白麵包，為高山地區受凍的村民提供廉價的熱量來源。我試著在餐廳嘗了一口，和想像中的味道完全不同，白酒混合起司經過熬煮後竟然產生一種臭臭的香味，有點像是發酵過度的味道，殘留在舌尖上揮之不去。我不禁想要知道瑞士人在臺灣吃臭豆腐的感想。

至於舉世聞名的的阿爾卑斯山脈，那一幅靄靄白雪覆蓋於連綿山巒的優美風景，在為瑞士帶來驚人的觀光效益之前，峻峭的山勢不僅阻礙發展，也令人民心生畏懼，遑論成為國家倚重的觀光資源。當時會想在山區走跳的人，大多是獵人、水晶的採集者，或是逼不得已必須翻過高山隘口的商人，單純以登頂為目的的山岳文化還尚未萌芽，有些人甚至視那些隆起的龐然大山為累贅的無用之物。大自然很美，但不包含會取人性命的絕境之美。

西元一七六〇年，瑞士博物學家（同時也是一位登山家）德索敘爾為了研究高山植物，重金懸賞能夠登頂白朗峰並提供攀登路線的勇者。在當時一般人普遍對山存有敬畏之心，而攀登巍峨聳立的阿爾卑斯山脈，也並非紳士熱中的閒暇嗜好，登頂海拔四八一〇公尺的白朗峰於是被視為一項不可能的任務。但歐洲人對高山的狂熱與好奇終究還是壓抑了內心的恐懼，一七八六年這項挑戰終於由法國人帕卡德醫生完成，而同年也被視為現代登山運動的起始年。

但隨後不久發生的法國大革命，讓整個歐洲進入動盪的整合時期，此時受惠於工業革命的強權英國再度崛起，仕紳階級有錢有閒，開始積極探索世界各地的高山。一八五四年，英國高等法院法官威爾斯，在瑞士格林德瓦小鎮完成偉特洪峰（Wetterhorn）首登，自此開啟阿爾卑斯登山運動的黃金年代[*18]。隨後在同年，倫敦成立世界第一個登山組織「山岳俱樂部」（Alpine Club），境內地形平坦無高山的英國人，不斷組隊至歐洲各地遠征超過三千公尺的高峰，鄰近的瑞士阿爾卑斯山脈成為最佳的探險樂園。

在登山黃金年代的前期，普遍訴求自然與科學結合，登山者會攜帶各種儀器到山上做觀察與研究。後期才開始有追求非科學性目的，純以登頂或滿足個人喜好的登山家一個個誕生，

---

18 登山黃金年代（The Golden Age of Alpinism, 1854-1865）。

並開始主導山岳俱樂部的運作。人類追求個人表現往往比團體表現來得積極，這因此促成更多登山者和探險家投入這項運動。這樣的趨勢發展完全可以預期，因為當時英國的王宮貴族，大多仍沉浸在獵奇事物帶來的驚喜，他們花費大筆金錢請獵人從山上帶回珍奇猛獸，豢養在鐵籠裡或製作成標本供賓客欣賞。但登山不同，一個人無法炫耀他未曾踏足的領域，想要吹噓征服過什麼山岳，縱使代價可能是粉身碎骨，也得自己走過去、爬上去。

剛結束鬆散的政治體制，成為聯邦國家不久的瑞士進入歷史性的轉捩點，在登山黃金年代期間，國內的戶外休閒產業逐漸步上軌道。一八六三年，瑞士人在奧爾滕（Olten）成立了第一個位於歐洲內陸的山岳俱樂部，並著手建設供攀登者使用的避難小屋，成為日後山屋營運的雛形。作為進出阿爾卑斯山脈的據點，策馬特也開始在這段期間經營服務登山者的旅館和補給站，居民的生活型態開始改變。但小鎮命運真正的轉捩點在一八六五年，由愛德華·溫珀為首的英國遠征隊決定由策馬特出發，花了四天時間，終於完成馬特洪峰壯烈的首登。

「世界在我們腳下，馬特洪峰被征服了。最棒的是，這裡沒有任何可見的足跡。」搶先義大利隊登頂的愛德華事後在他的著作裡這麼寫道。但不幸的是，隊伍在下撤途中遭遇意外，四名隊員墜入冰川的深淵而喪生，七人之中只有三人生還。

雖然這是一場悲劇，但馬特洪峰的首登意義重大，過去被視為最難攀登的阿爾卑斯高峰之一已被拿下，歐洲社會輿論開始對登山運動產生更多正面評價，登山成為顯學，越來越多冒險者野心勃勃地把馬特洪峰或任一座阿爾卑斯高峰視為下一面動章。策馬特於是成為進入山區的重要門戶，登山帶來的經濟效益從此扭轉小鎮貧瘠的命運。至一八六五年夏天馬特洪峰歷史性的首登為止，期間被探險家首登的阿爾卑斯高峰有六十七座，其中竟有高達四十五座落在瑞士境內，佔去近七成的比例。瑞士這個窮困的小國，在短時間內憑藉其豐富的山岳資源，一舉躍上登山運動的世界舞台；同時在山區生活的村民、獵人，也因為熟悉當地路線和氣候而被聘用為嚮導，為日後登山運動發展提供了必要的養分。

登山黃金年代結束後，並不代表登山運動的終了，而是跨入另一個領域。一八七一年，歐洲第一條齒軌登山鐵道，在瑞士琉森近郊的瑞吉山竣工，這座被稱為「山中皇后」的著名觀光景點，過去曾吸引英國維多利亞女王（當然是坐轎子上去）、歌德、孟德爾頌、雨果等王宮貴族與文人雅士造訪。但在鐵道通車後，瑞吉山便不再是少數權貴的休閒場所，登山活動開始與平民接軌。位處阿爾卑斯山脈前麓的瑞吉山，從起點擔任了火車頭的角色，帶動鐵道相關建設在瑞士的迅速擴展，觀光業因此興盛，也間接加速登山運動的休閒化。

馬克吐溫在他一八七八年出版的遊記裡寫道：「瑞吉山高度達六千英尺，氣勢雄偉，獨立於世，並挾有一座無限展望的湖泊、綠草如茵的山谷，以及一幅緊湊、壯觀，視野遼闊達三百英里遠的雪山環景。」雖然有時候這位大作家有誇大見聞的詬病，但他所描述的風景，的確是一百多年後我所看到的模樣。

離開策馬特後，我們又去了少女峰，最後在返回臺灣前決定到瑞吉山走走，為這趟阿爾卑斯之旅畫下句點。瑞吉山靠近觀光勝地琉森湖畔，距離臨近鬧區只需要一個小時車程，是瑞士都市人郊外踏青的首選，地位有如城市的後花園。古典名曲〈齊格菲牧歌〉就是華格納定居於琉森湖的創作，從他的故居可以清楚遠眺瑞吉山和阿爾卑斯山脈，原本嶙峋的山勢從湖畔看來頓時變得婀娜多姿，成為他譜下樂曲的繆思之一。

瑞吉山上設有總距離一百二十公里的健行步道，難度不高，有些甚至能推著嬰兒車散步。我們經過火車轉乘，自山底的車站搭上藍色雙節列車緩緩爬升，從窗外可以看見，遠處深藍與雪白相間的阿爾卑斯連峰閃耀著光芒，溫和的陽光均勻地灑在山谷裡開滿小黃花的草地上，與藍天白雲相襯為一幅如畫的風景。清淡的山嵐逐漸往山頂的方向靠攏，聚集後幾乎把軌道完全覆蓋，使得列車在視覺上看來像是行駛在雲端之上。有此一說，阿爾卑斯的原文「Alps」源自拉丁語的「alb」和「albus」，意思是「白色」，如此簡潔明瞭，將視覺辨識的特徵轉化為語言的詞彙，白雪、白雲和白色的山，一如烏雲密布的黑色奇萊，直指人類心靈深處的敬畏、恐懼和崇拜。

終年白雪覆蓋、不利耕作開發、不具經濟產能，且令人民畏懼的阿爾卑斯山脈，搖身一變成為瑞士人珍貴的財富和身分認同，山上的滑雪場、旅館、纜車、鐵道創造了巨大的經濟效益。一百多年前貧困的農民應該很難想像，未來會有來自世界各地的旅客花費大把鈔票，

飛過半個地球到山上健行，更別提專程到餐廳大啖其實有點臭臭的起司鍋。

兩百多年來登山運動的演變，人們對山的看法不斷進化，從畏山、敬山，到接受山的呼喚而主動探索，登山已進入更高深的層次，有提升心靈的作用。現在任何人都能搭上纜車，輕鬆抵達一萬英尺的雪原散步；也能扛著沉重的裝備徒步上山，努力在陡峭裸露的岩壁上找尋那一丁點立足之地。阿爾卑斯山脈敞開雙手，擁抱來自世界各地對山充滿各種想像的人們，毫無保留。

07 寶萊塢在瑞士
少女峰登山鐵道——

「請問需要咖啡嗎？」一位女侍用英文輕聲詢問，熟悉的語言聽來格外親切，讓人感到安心。但我和呆呆隨即四目相接，快速解讀出彼此的疑惑——這杯咖啡會收錢嗎？畢竟在物價超高的瑞士，購買任何東西前都必須仔細確認換算後的新臺幣價格，而且接下來要進入的少女峰區是非常熱門的觀光景點，為了節省旅費支出，每一分錢都得斤斤計較。

我迅速在腦裡盤算，既然都使用一等車廂的車票了，應該會有免費送餐的服務，況且服務生連條列價位的菜單都沒有遞上，想必是類似搭飛機時供應的飲料，於是微笑回應略有年紀且梳妝整齊的女服務生：「請給我兩杯黑咖啡。」接著便好整以暇地欣賞窗外的風景，並再三和呆呆保證這肯定不是額外收費的項目。等到咖啡端上桌，目測容量比便利商店販售的小杯咖啡還少，心想「果然是免費的東西啊」，沒想到女服務生隨後竟遞出一張帳單，細看，一杯約五塊錢瑞士法朗，大概折合新臺幣一百五十塊。我倒抽一口冷氣，抬頭看見呆呆尷尬的冷笑，一直等到服務生離開車廂我們才爆出低調的笑聲。咖啡的味道普通，沒有層次與風味，然而這個意外插曲化解初次在歐陸搭乘火車的不安，原本對陌生環境產生的侷促，頓時像飄浮在空氣中的泡泡瞬間消逝。我們正在旅行，正在移動，往一處未曾踏足的山城，這多麼令人感到興奮。

瑞士鐵道文化聞名世界，搭乘火車也被公認是這個國家最富魅力的旅行方式。國土面積略大於臺灣，但瑞士境內電氣化的鐵路長度接近臺灣的四倍，總長約五千公里，是歐洲鐵路密度最高的國家。而若以一般乘客的使用量來計算，瑞士的載客鐵路運輸量也是遙遙領先各國，平均每人一年搭乘火車移動兩千四百多公里，是臺灣的六倍，更是美國的三十倍——美國人一年平均只搭八十公里的火車，大概是臺北車站到新竹車站的單程距離，但美國鐵道總距離卻是瑞士的五十倍之多。綜觀各國鐵道文化的發展，有其歷史、文化，以及國土面積、地形等複雜因素，所以無法確定瑞士是否為最喜歡搭火車移動的國家，但從統計數據看來，瑞士人仰賴火車作為日常通勤和觀光旅行的頻繁程度，絕對是世界數一數二。

而且出乎意料的是，在瑞士搭火車移動其實非常容易，不如想像中那麼複雜。與運量同樣繁忙的日本相比，瑞士鐵路不管是班次密度、轉乘規畫和進出站的便利性，就個人感受其實都更適合旅行。車站大多採無閘門月台的設計，出入無須驗票，就位後才有車掌人員檢查票券，有時甚至還未驗到票就下車了。整潔乾淨的車廂、寬敞舒適的座位、平穩的移動速度，以及極少誤點的班次與轉乘配套，讓搭乘火車旅行這麼傳統的交通方式也能保有新鮮感與樂

趣。只是票價真的不便宜[19]，和那兩杯貴得咋舌的咖啡一樣，而且瑞士沒有日本的鐵路便當文化，讓人失落。我拒絕再吞下任何冷三明治了。

窗外飛快掠過的景色不斷切換，原本密集的現代公寓越來越稀疏，取而代之的是一棟棟樸拙的歐式木房，分布在山光水色之間。火車接著駛入少女峰山腳下的度假勝地茵特拉肯（Interlaken），瑞士傲人的自然景觀開始一幕幕映入眼簾，雄踞的阿爾卑斯山脈被雲霧團團包圍，偶爾可以從縫隙中看見拔地而起的局部山體，更加增添它的宏偉與神秘。被稱為三大巨頭的艾格峰、僧侶峰和少女峰就隱藏在那片壓迫感十足的烏雲裡。

我們在茵特拉肯轉乘另一列登山火車，像一陣輕風吹進幽幽的山谷，不久後緩緩停靠在山城格林德瓦（Grindelward），這裡是進入少女峰區的門戶，被譽為瑞士最美的童話小鎮，座落在險峻的艾格北壁下。一出車站就好像走進卡通《阿爾卑斯少女》的場景，木屋炊煙裊裊，一棟棟散落在開滿小白花的青青草地，掛著巨大鈴鐺的乳牛搖頭晃腦，發出清脆悅耳的聲音，背景是秀麗連綿的山巒，山頂覆上靄靄白雪，一幅經典、生動的阿爾卑斯山脈風景躍然眼前，一如想像中的美好，彷彿置身在海蒂和爺爺生活的牧場[20]。只是鎮中心的紀念品商店讓人頗為出戲，很像臺灣的老街，銷售的商品幾無分別，陳列著千篇一律的鑰匙圈、萬用刀和宛如工廠翻模的木雕。

彷彿近在眼前的烏雲突然發出一聲巨響，大雨下得淒慘。車站的工作人員好心提醒：「兩周前山上才發生雪崩意外，請務必小心。」五月山區的天氣不穩定，加上冬季的積雪尚未融化，許多健行路線因此仍處於關閉狀態，縱使準備了周全的雨具和裝備，步道不能走就是不能走，只得放棄健行計畫，讓原本當作交通接駁的鐵道臨時替補為旅行的主角。當天如同多數遊客的安排，我們在格林德瓦停留一晚，隔天直接搭乘登山齒輪列車到少女峰車站。

少女峰車站海拔三四五四公尺，是歐洲最高的火車站[*21]，位於少女峰山坳，也就是原文「Jungfraujoch」的意思。西元一八九六年開始動工，歷經十六年艱鉅的工程，一點一滴鑿穿冰河底下的岩層，終於在一九一二年通車。巧合的是，那一年也是阿里山鐵路歷經十六年

---

19 瑞士火車票價不便宜，因此多數遊客會事先上網或至旅行社購買瑞士旅行通行證（Swiss Travel Pass）來節省交通成本，可享購票折扣、免費參觀博物館，以及部分山區免費健行。建議事先在臺灣透過飛達旅遊社購買，或洽詢「坐火車去旅行」臉書專頁。

20 《阿爾卑斯少女》故事裡的真實場景是邁恩費爾德（Maienfeld）小鎮，位在瑞士東邊與列支敦斯登的交界處，距離格林德瓦尚有三小時車程。

21 世界最高火車站是西藏的唐古拉站，海拔五〇六八公尺。

217

工程後的通車年，但兩條鐵路的命運截然不同，阿里山鐵路是為了木材的運輸而建，少女峰鐵路則純然為了觀光而誕生。

少女峰鐵路全長約九公里的齒軌鐵道，有近七公里建在陰暗的隧道，深埋於萬年冰封的山體裡，工程之艱鉅被視為近代建築奇蹟。車站內的斯芬克斯天文觀景台（Sphinx）可就近欣賞世界自然遺產阿萊奇冰川和僧侶峰，對一般遊客來說，被譽爲「歐洲之巔」（Top of Europe）的少女峰車站無疑是接觸高海拔壯麗山景的捷徑。也因此少女峰除了冬天之外，幾乎沒有所謂的觀光淡季，在冰雪未融且陰晴不定的五月，整座山區仍擠滿大批來自世界各地的觀光客，其中尤以印度人居多，數量之龐大令人稱奇又狐疑。在幾列擠滿印度臉孔的車廂裡，一度讓人誤以為火車正行駛於大吉嶺喜馬拉雅鐵路。

我行我素、愛開玩笑，甚至有點無厘頭的個性，是一般對印度人的刻板印象，其中最有趣的特點可能是說話時搖頭晃腦的模樣，讓人猜不透到底想表達什麼意思。但這樣迥然的民族性格有時也讓人感到無所適從，在人潮擁擠的觀光勝地尤其明顯，心情難免會被偶發的粗魯舉止給影響，甚至可以見到印度人為了搶在「歐洲之巔」看板前合照產生爭執，而我手上正拿著對方的相機，一臉尷尬，等待僵持不下的糾紛弭平，才能為一家人拍下可能會被沖印裱框的家庭照。為什麼印度人會大量出現在一個非英語系的歐洲國家，宛如朝聖般湧入整個少女峰山區？我嘗試解讀印度人臉上殷切、興奮的神色卻百思不得其解。這個疑惑一直到當天稍晚搭上穆倫（Mürren）小鎮的列車才獲得解答。

往來穆倫山城的單節列車造型典雅可愛，我坐在駕駛旁邊的乘客座位，一邊欣賞窗外的風景，一邊近距離觀察駕駛員俐落地操作火車。堪稱古董的機械結構讓人看得出神，耳邊突然傳來一句發音不標準的中文，抬頭一看發現，竟然是看來嚴肅不太好相處的女駕駛在對我們打招呼，這情景突兀地令人發噱。連續聽了好幾天難懂的瑞士德語，能從瑞士人口中聽到帶臺灣腔的中文實在驚喜。寒暄幾句後，我向曾到臺北學中文的庫尼提出心中的疑惑——為什麼瑞士的觀光景點有這麼多印度人呢？只見她一臉淡定回答：「因為電影。」接著瞪大雙眼將眉毛上揚，同時下巴微縮兩唇緊閉，這表情傳遞了一點倦怠，以及不可言說的無奈。

西元一九六四年，印度知名導演拉吉・卡浦爾（Raj Kapoor）自導自演的史詩愛情電影《*Sangam*》上映，片長是以現在標準來看也相當驚人的三個半小時，拍攝場景遍及倫敦、梵蒂岡、羅馬、威尼斯、巴黎以及瑞士，跨國境的拍攝計畫是印度影業的創舉，也是寶萊塢史上第一部彩色電影，當年轟動的程度自不在話下。四處談情說愛的男女主角在阿萊奇冰川上滑雪橇的畫面，讓印度觀眾首度見識到歐洲有這麼一個風景如畫的地方。

隨後，寶萊塢愛情片之父雅什・喬普拉（Yash Chopra）從一九七〇年開始有多部浪漫電影選擇在瑞士取景並取得極大迴響。於是在往後的五十多年，阿爾卑斯山脈變成印度電影人的最愛，至今已有超過百部電影在瑞士取景，每年超過三十萬名印度遊客拜訪瑞士，少女峰成為必備觀光行程，也是印度新婚夫婦蜜月和家庭旅遊的首選。瑞士政府為了表揚雅什・喬普拉推廣瑞士觀光的貢獻，在二〇一〇年封他為茵特拉肯小鎮大使，鎮上設有一尊紀念雅什的銅像，境內一座導演最愛取景的小湖則被暱稱為喬普拉湖。而如果眼睛夠尖，也能發現少女峰鐵路的紅色車廂外有導演的復刻簽名。

於是我終於能夠理解，為什麼在少女峰車站內，竟然有一間據說非常道地且經常大排長龍的印度料理餐廳，名稱就叫「寶萊塢」（Bollywood）。而在斯芬克斯天文觀景台上，當所有人都忙著與阿萊奇冰河合影，一位印度女人會直挺挺地在人群中佇立良久，輕輕闔上的雙眼貌似在祈禱，又像是背負著什麼期待，而這份期待終於獲得可靠的回報，長久以來的空缺獲得填滿，閉上眼睛這動作只是為了掩飾內心的激動，否則淚水恐怕奪眶而出。無法得知在場多數人是否從遠處凝視冰河就能滿足，因為對我來說那像是隔靴搔癢，無法觸碰風景之後的風景。但她看不見的瞳孔有一股神秘的拉力，讓人無法移開視線。透過想像她的想像，阿萊奇冰川的模糊影像變得清晰、立體，時間在此毫無力道，空間也頓時柔軟了起來，彷彿可以雕塑成任何模樣。

話題回到女駕駛庫尼曾駕車環臺一圈的美好經歷，問到最懷念臺灣哪一點呢？毫不意外地，答案是「夜市」，她說即使在全世界也找不到那麼有活力的地方。一方面聽了開心，另

一方面也因為竟然只有夜市能讓人回味而覺得沮喪。然而我還是十分開心能有這段日常對話，因為瑞士的觀光建設十分健全、無瑕，甚至可說是一板一眼，所有提供旅遊資訊的標示與指南，全都一清二楚地攤開在每一處可能產生疑惑的地方。這裡適合旅遊，不用開口就能得到解答；但一切都過於工整，缺少冒險的氛圍。庫尼表情傳達的無奈，以及她侃侃而談的家常話題，讓我得以觸摸到一點真實人性而撫慰許多。

08 樹懶的微笑

安地斯山脈——

乍聽秘魯官方自信地宣稱自己是「全世界最富裕國家」的時候，心裡難免對此說法產生疑惑，因為若將世界各國的經濟成長指數和年均所得攤開來看，最富裕的國家往往係指盛產石油的中東大國和幾個北歐國家，而不是尚處開發中國家程度的秘魯。但如果將英文所指的「richest」翻譯為「富饒」，那擁有豐富自然、人文資源和深厚美食文化的秘魯確實當之無愧。

秘魯國土廣大，主要分為三種地形和氣候帶，由西向東的可略分為平原、高原和雨林。西部靠海處為狹長的平原，是最具都市化規模與人口的主要聚集地，首都利馬便座落於濱海地區，沿岸氣候深受洪德堡洋流（秘魯涼流）影響，形成降雨量少的乾旱型氣候，和埃及的開羅並列世界上雨量最少的首都。但也因受惠於洋流而擁有豐富漁產，外海名列世界四大漁場之一，年漁獲量排名世界第二，當地以檸檬汁熟成鮮魚的名菜「酸醃生魚」（Cerviche），幾乎是每間餐廳必備的國家級美食；中部縱貫國土南北的安地斯山脈可算是秘魯的觀光精華地帶，傲人的自然人文景觀大多縱列於此，古印加帝國的首都庫斯科，以及世界知名的馬丘比丘遺跡、彩虹山、科爾卡大峽谷和的的喀喀湖，都是許多人到南美的必遊景點；秘魯東部則是位於亞馬遜盆地的熱帶雨林，位近赤道一年四季如夏，在叢林深處尚有未與文明接觸的原始部落，是秘魯最神祕也最有生命力的地區。

在遠古的白堊紀時期，一股強烈的造山運動將納斯卡板塊與南美板塊互相推擠，接縫處形成的皺褶構成總長約七千公里的安地斯山脈，縱貫南美洲西岸，是陸地上最長的山脈，和北美加州的內華達山脈同屬美洲科迪勒拉山系（American Cordillera）的一部分。徒步PCT時，曾經花了好長一段時間遊蕩在內華達山脈深處，當時在山上觸碰的花崗岩層和安地斯一樣皆誕生於一億年前，這促成我想探索南美洲的最大誘因，想要用渺小、有限的視野眺望地球的脈動，見證那一段人類不可能參與的歷史痕跡。

離開利馬，從第二大城阿雷基帕（Arequipa）往奇瓦伊（Chivay）小鎮的公路上，安地斯高原地區的風景在眼前肆無忌憚地延展，巨大地讓人心生敬畏，僅僅是一處公路旁的濕地，就能看見一覽無遺的山景橫亙在海拔四千九百公尺的草甸上。過去從未抵達這麼高的地方，稀薄的空氣讓人呼吸不大順暢，丹木斯產生的副作用讓臉部發麻、僵硬，加上日夜顛倒的時差，老實說身體的狀況並不適合欣賞風景。但是站在安地斯山脈，實際感受自遠古以來由大海深淵所抬升的視野，比山還高，比海還深，一股源自心靈深層的悸動油然而生。我想像以海平面為界，在太平洋底下有另一座鏡像的山脈，底座連接底座，在海平面的上與下，無遠

弗屆地延展至深藍色的黑。洪堡德和達爾文都曾受安地斯山脈的啟發，他們的發現撼動了人類的認知與信仰，而同樣一片土地經過如此漫長的歲月，也同樣撼動著我對世界山脈的想像。

彩虹山

經過三個多小時車程，方才未鋪面的泥土路造成的震盪仍在胃裡翻滾，但感受最劇烈的還是大腦。從海拔三千五百公尺的庫斯科市區，直抵近四千五百公尺的彩虹山登山口，身體沒有足夠適應高度的時間，加上始終未能好好調整的時差造成連日累積的疲倦，在山上吸入第一口冷空氣的時候便覺得頭痛欲裂、舉步維艱，尤其眼前恍惚的情景像超乎常理的存在，讓人一時之間無法分辨虛實。

下車後映入眼簾的第一幕，是黑色的泥土、沙塵，以及馬匹與人潮位居其中的黑色剪影，背景襯有一大片飄邈虛幻的白色雲霧，還有隨風揚起陣陣在空中飛舞的輕煙，蕭瑟、迷離，黑與白的畫面如夢似幻地令人發怔。在秘魯人的傳統觀念裡，黑色代表著純潔與神聖，因此眼前的景致更增添了一份崇高的靈性。

登山口距離觀景點有十公里路程，總高度爬升約七百公尺，算起來是相當平緩的路況，因此最大的難關便是高海拔環境對身體造成的阻力。遊客可以選擇騎馬或走路上山，但無論選擇哪一種方式，最後兩百公尺都得靠自己的雙腳完成。方才見到的黑色剪影，走近後發現大多來自登山口做生意的原住民，每天他們會將馬匹從半山腰的地方牽到登山口臨時搭建的陽春馬廄，男女老少皆穿上鮮豔、繁複的傳統服飾，在踩到軟爛的黑色泥地上向觀光客推銷手中牽著的駝獸，一批一批地將人潮運往山上，原本預計兩個小時的步行時間可以縮短至三十分鐘以內，這讓他們完全不愁沒有生意。

好奇問了嚮導，這麼熱門的生意是由政府主持還是由當地人私下經營呢？得到的答案令人訝異，他說彩虹山屬於原住民的私有領域，所以政府並不會干涉租用馬匹做客運用途的服務，因此也不會對產生的收入徵收任何稅金。觀察附近的攤販，遊客可以向他們租用細長的木製手杖，也可以買到不需特地冷藏的汽水飲料和巧克力、糖果、餅乾，觀光化規模超過我的想像，但並非是無法忍受的模樣，大多數硬體設施都非常簡陋，和天然地景反而形成某種程度的融合。相較先進國家所規畫更完善、更現代化的國家公園級建設，我更欣賞這種青黃不接的混亂，至少保有一點探索秘境的氣氛，也讓秘魯原民的人文色彩一併融為彩虹山斑斕地景的一部分。

啟程後，高山稀薄的空氣惹人氣喘吁吁，但堅持步行是我們的共識，也可能是一種對群山笨拙的致意，相信唯有透過身體的歷練才能獲得共鳴或啟示。於是不斷將含氧較低的冷空氣吸進肺裡，藉以交換一些前進的動力，一步一步，隨著鼎沸的人潮往山頂靠近。漸漸地，隨著高度增加，山的顏色開始出現改變，沉積千百萬年的紅色岩層裸露在山壁上，經過陽光

的照射演變為深淺不一的色澤，這才明白，原來不只是山頂那一處呈三角形的山脊有彩虹般的色彩，而是周圍一整座山谷都是這樣的丹霞地貌。

抵達馬匹載客的終止線後，海拔差不多來到五千公尺，高度已經超越幾天前在公路上經過的高點。更新攀爬的高度並不在人生清單裡，但是突破海拔五千公尺時心裡仍感到些許興奮，只是同時也明白一座山的難度不在高度，而是過程中的試煉，無論體力、耐力和心力，每個人都有自己的課題。我看見有位小男孩坐在馬背大聲哭喊，無論身後的母親如何安撫也不肯停止流淚；我看見有人蹲在地上為自己加油打氣，縱使臉色發白也堅持不願放棄；我看見有人振臂高呼或暗自流淚，為自己走過的路途與看見的風景感到驕傲與感動。

經過數次停步喘息，等到站在隘口時，回身看見色彩斑斕的紅山、綠谷以及彩虹烙印過的山脊——「Vinicunca」[*22]到了，站上人生的新高度，一幅嶄新、恢宏的視野在眼前展開，我們起步、經過，最後抵達，完成跨越彩虹彼端的任務。然而回想過程，記憶最深的還是原住民小女孩身上的衣裳，彷彿要和彩虹爭豔，將最美的顏色包裹整個身體，只有穿著涼鞋的雙腳沾滿溼冷的黑泥，以一絲無形的羈絆和土地連成一氣。

22 「Vinicunca」是秘魯原住民使用的克丘亞語，意思為「彩色的山」。

馬丘比丘

一九一一年七月，美國歷史學者海勒姆・賓漢三世（Hiram Bingham III），在當地農民的帶領下重新發現印加帝國的遺跡馬丘比丘。但為什麼說是「重新」呢？因為賓漢抵達時，發現山上已住有三戶定居的農家，甚至在一座印加神殿裡，某塊岩石已有人用木炭刻上到此一遊的簽名，時間整整比賓漢早了九年。經過追查後，發現那道簽名出自於住在谷底已三十多年的趕騾人——麗札拉加（Lizarraga）。

對西方人來說，哥倫布發現了美洲新大陸。但美洲早已有原住民的生活和文化，怎麼能大言不慚說是「發現」呢？而幾百年過去，同樣的強權邏輯也被賓漢複製在馬丘比丘身上。這讓人不禁聯想到同期的另一件故事。

電影《劍岳・點之記》改編自新田次郎的同名小說，敘述一九〇八年日本登山家和國土測量官互爭首登劍岳，希望能夠將地圖最後一塊空白補齊的情節。歷經千辛萬苦，隸屬陸軍參謀本部的測量員，在影片最後好不容易沿著一條雪溪登上劍岳，成功完成得來不易的壯舉。然而大夥在山頂沉溺於自我的悲壯情懷時，隊員們卻發現一個令人震驚的事實，原來早在千年以前的平安時代就有修行僧侶徒步登頂，留在山頂的錫杖頭就是鐵一般的證據，這對在當時擁有先進登山設備的測量團隊來說可是一大打擊，恍然大悟的眾人難掩失落，但無奈之餘也只能接受事實。

這情境和賓漢的「發現」如出一轍，但是賓漢選擇隱瞞，最初他將麗札拉加尊奉為首位發現者，但往後每一次出版新的作品，便會透過文字的修改，一步一步將原本列為共同發現人的麗札拉加從歷史抹去。最後一本相關著作《失落的印加帝國》*23 發行後，馬丘比丘已經變成是賓漢獨佔的個人成就了。所以從字面意義來看，賓漢書名提到的「失落」二字因此顯得格外諷刺。後期，賓漢甚至協助盜運文物到美國耶魯大學而遲不歸還，因此在一九五〇年代，革命前夕騎著摩托車在南美洲遊歷的切・格瓦拉曾語帶酸意表示，若要瞻仰這座印加古城的珍寶，地點不在馬丘比丘，而是北美洲的博物館裡。約莫一個世紀後，經過歐巴馬總統出面斡旋，秘魯政府才終於在二〇一二年從耶魯取回賓漢盜取的文物。

如今馬丘比丘揮別過去，經過整建後已蛻變為七大奇蹟和世界文化遺產，每年約有一百萬人遠道而來參觀印加文明的建築奇蹟。但由於馬丘比丘刻板的經典風景已在網路上看過太多次了，蒞臨現場反而沒有多大驚喜，只是用雙眼重新複製一次了無新意的風景。而蜂擁的人群更大大削弱了預期的衝擊，直到真正進入遺址，細微觀察當時精緻的砌石技術後，才終於獲得有別於那一幅「明信片風景照」的驚奇與感動。

23《失落的印加帝國》（*The Lost City of the Incas*），初版於一九四八年發行。

回顧馬丘比丘的遊歷，發現自己最懷念的風景，竟來自搭乘火車時，沿鐵軌在烏魯班巴聖河所見的垂直峭壁與奔騰怒嘯的河水。下回若是時間和體能條件允許，應該會走一條距離四十五公里，全程需費時四天三夜的印加古道（Inca Trail），如同行走彩虹山，我期望能用汗水與辛勞換取有別一般遊客的體悟。

亞馬遜雨林

離開涼爽的庫斯科，初來乍到位於雨林區的伊基托斯（Iquitos），一步出飛機便感受到襲來的熱浪，像有人貼在耳邊呼吸一樣黏膩，令人生厭，想要儘速逃離。但搭上由檔車改裝的嘟嘟車後，街道上散發的熱情和活力又讓人瞬間愛上這座城市。

當天下午，搭乘渡船進入雨林區的傳統部落——或者不該說是「部落」，而是更接近一處設定好的場景，讓遊客能稍微拉開門縫，窺視一點雨林生活的面貌。於是現場可以看到簡單的歌舞、吹箭表演，也有手工藝品的小市集，但最吸引大家目光的焦點，反而是小朋友抱在懷裡的小樹懶。

出其不意的相遇，讓人頓時忘記雨林高溫高濕的悶熱。孩子們小心翼翼將三趾樹懶安置在我們身上，讓牠能夠穩穩抓牢，用十分有力量的長爪扣在我們的衣服和肉身。這時身體傳來微微的痛楚，但是一點都不要緊，因為如此零距離的接觸早讓人激動不已，必須壓抑興奮的心情，改用和緩的撫觸和聲調去對待這個外型楚楚可憐的小生物。

樹懶的身體有青草和泥土混合的味道，毛髮濕潤、粗糙，髮型是渾然天成的可愛西瓜皮，而且臉上總是帶著慵懶、微醺的笑意。但會不會牠難過哭泣或警戒的時候，其實也掛著相同的表情呢？這麼一想又突然悲傷了起來。嚮導凱薩說當樹懶長大後，就會將牠們放回叢林裡生活，因為樹懶的習性並不適合由人類飼養，而且這些部落的孩子其實會去上學，也懂得說西班牙語。觀察幾位躲在一旁看來正值發育期的青春少女，發現她們害羞地拉緊僅能勉強遮掩胸部的草編上衣，我感到有些尷尬，將視線從女孩的身上移開，把注意力放在另外幾位爬樹玩耍的小男孩身上，卻發現在他們身上的紅色傳統圍裙之下，竟隱約可見現代感十足的黃色棉質內褲。

紀錄片《首次接觸：失落的亞馬遜部落》[*24]敘述某一支原始部落與文明首次接觸的經過，三名赤身裸體，僅用一條細腰帶，將生殖器綁縛在腹部上的原住民男子，身上帶著大刀，冒險跨過秘魯與巴西交界附近的河流，試圖接觸另一較具現代化的部落，想要尋求安全庇護和

24《首次接觸：失落的亞馬遜部落》（*First Contact: Lost Tribe of the Amazon*），二〇一六年由英國Channel 4製作發行，導演為Angus MacQueen。

醫療救助。駐紮在此地的人類學家一開始秉持原則，決定不干涉、不接觸，因為害怕身上的細菌和病毒可能對原住民產生致命的影響，也擔心會從此破壞人類世界僅存的伊甸園。但可能出於好奇或人道關懷，最後還是展開對話，並將約三十五位原住民安置在另一處河岸展開新的生活。

當時，身為首領的年輕原住民希納說：「我們常常餓肚子，有一次甚至整整四天沒有吃飯……而且我一直想要穿衣服。」九個月後，除了在沙地上奔跑的孩子，每個部落的大人都穿上現代化的服飾了。酋長希納的老婆透過翻譯說：「我喜歡衣服、盤子、鍋子、湯匙，還有許多其他東西。」希納則表示：「我現在沒穿衣服會覺得很丟臉。」

這一幕讓人大感震撼，因為我也曾抱持原始部落就該維持原貌的想法，那代表在這烏煙瘴氣的現代社會裡，至少某個世界的角落還能存有一絲聊以慰藉的純淨。但為了躲避西班牙人屠殺而隱居雨林數百年的原住民，他們所奢求的並非文明人自以為要受到鞏固的純淨無瑕，而是食物、醫療和保暖遮羞的衣物。

在當地研究少數部落的權威學者梅雷萊斯（José Carlos Meirelles）表示，傳統部落與文明接觸是無法逆轉的，他說：「為什麼原住民非得要被安置在玻璃櫃裡，身上要穿著羽毛，唱歌、跳舞？我們要求他們永保相同，從不改變，根本沒有任何意義。遲早他們會發現這個世界並開始改變，他們可能會有危險、會有人死亡、發瘋……當然！這就是生命，真實的世界就是這樣。」他最後補充：「任何不改變以適應大自然的東西，命運就是消失。這是達爾文說的。」

達爾文的確是這麼說沒錯，但在近兩百年前，一齣與達爾文略有關聯，且以現今眼光看來實在有點胡鬧的「社會實驗」卻得到完全不同的結果。一八三〇年，傳奇的小獵犬號船長費茨羅伊（Robert FitzRoy）在南美洲最南端的火地島擄走三位原住民，未經同意便擅自將他們帶回英格蘭本土，讓原本赤身裸體的「野蠻人」穿西裝、吃西餐、學英語，期許文明能夠教育荒野，讓歐洲的文化與宗教能順利傳進南美最荒蕪的角落。一年半後，費茨羅伊再度啟程回到火地島，經過八個月航程後，將名字被取為約克・大教堂、火地島・籃子和傑米・鈕釦[*25]的三人送回島嶼上的部落，並協助部落的族人建設簡易棚屋、菜園，甚至留下一位年輕的傳教士，希望能持續散播基督的力量，將蠻族化為順民。

費茨羅伊離開火地島後繼續駕駛小獵犬號前往南美各地探勘，而船上一位叫做達爾文的年輕地質學家，在這次歷時近五年的航程中奠定他日後發展演化論的基礎，也催生了數年後震驚世界的爭議之作——《物種起源》。

航行時間又過了一年，費茨羅伊回到火地島試著驗收實驗的成果，卻發現當時留下的棚屋裡空無一人，等了幾個小時，一位蓬頭垢面、裸體、身體塗滿海豹油脂的原住民出現在他眼前，船長費茨羅伊赫然發現那竟然是當時在英國最愛漂亮、最喜歡穿得體面閃亮的傑米・

鈕扣本人。傑米用生澀簡單的英文表示他的身體狀況很好，有足夠的食物，生活非常快樂，而且拒絕回到英國的邀請。實驗失敗了，文明的力量尚且無法滲透進入荒野。達爾文認為，傑米在火地島的生活一定會過得比在英國還要幸福。

我想起在庫斯科時另一位嚮導提及的故事。自五百年前西班牙人入侵後，在秘魯流有印加帝國血液的原住民已所剩無幾，但有一小族群，數量大概一百多人的印加後裔決定搬到深山回歸祖先的生活方式，試著維護幾乎要消失殆盡的光榮血統。我無法從任何資料之中得到證實，但寧可相信這是確切發生的事情。

也許人類和動物都是生活在同樣的玻璃櫃，差別僅在於是否擁有自主選擇的權力。在不受迫害的狀況下，人類可以自由選擇回歸山林或擁抱文明，但像樹懶這樣的動物，只能選擇永遠將笑容掛在臉上，等待重返叢林的那一天來臨。想想還真是不公平，但人類社會的基礎從來就不是建立在平等的機制上，何況是受到支配的動物。

---

25 當時被帶回四位原住民，名字分別是約克大教堂（York Minster）、傑米・鈕扣（Jemmy Button）、火地島籃子（Fuegia Basket）和船的回憶（Boat Memory）。其中船的回憶因感染天花而死於英國，火地島籃子則是唯一的女性。

09
失語
巴塔哥尼亞高原——

離開秘魯濕熱的亞馬遜雨林，我和呆呆展開一場為期三天、距離超過六千公里的大遷徙。首先從利馬搭飛機到智利首都聖地牙哥，在機場地板過了一夜後改搭國內班機到南部大城蓬塔阿雷納斯（Punta Arenas），接著擠進雙層巴士前往納塔萊斯港（Puerto Natales）度過一晚，隔天再搭另一段遊覽車和接駁車後才終於進入百內國家公園（Torres del Paine）。

漫長的交通轉乘讓人疲憊不堪，深秋的寂寥將旅行多日的倦怠攤開在我木然的臉上，盯著巴士窗外單調的風景，了無生氣的烏雲壓在一望無際的荒煙蔓草之上。這是巴塔哥尼亞給我的第一印象，宛如將蘇格蘭高地的淒涼與冰島的悲愴調和成一種更悲劇、更難以下嚥的苦澀。但面對這般貌似廢墟的荒原，舟車勞頓造成的煩躁反而因此撫平，只是有點想念臺灣，想念醬油的味道。巴塔哥尼亞的美，源自它的荒蕪，以及身處世界盡頭所營造的孤獨，我猜想就是這樣的孤獨才會引發陣陣鄉愁。

呆呆坐在隔著走道的另一邊座位，她抓著相機拍攝窗外公路即景，偶爾看見驚豔的景物便發出一聲讚嘆要我轉頭過去看看，除此之外我們的談話不多，如同以往徒步時培養出來的默契——保持沉默，利用空白時間各自整理思緒。

這種相處模式，大抵培養自徒步 PCT 時得到的體悟。步道四千公里的距離平均得耗費五個月才能完成，這條時間軌跡，拉長再拉長之後就是一幅完整的人生縮影。我曾看見許多人獨自出發，卻與半途結交的知己走到終點；有人在起點成群結伴，最後卻一個人默默退場；又或者如多數人一般，分分合合，有必須獨處的時刻，也有無法忍受寂寞的時候。因此或許重點從來都不是一個人、兩個人，或是五個人、十個人，也與喧囂或寂靜無關，而是找到自己的節奏，讓身體以自在的姿態前進或停駐。獨行時，自己陪伴自己；結隊時，依然是自己陪伴自己。依循這樣的邏輯看待日常，與任何人（包括與自己）的和諧共處，無論生活或走路，秘訣不外是找到相仿的節奏。

接駁車從入口的繳費處駛離後，很快就抵達百內東邊的中央營地（Camp Central），這裡是出入國家公園的大本營，但觀光人潮並不多，大多數是背著重裝的健行者，打算以營地為起點走完環繞整個百內的O型路線，或是位於腹地南緣可遍覽精華景點的W型路線——也就是我們未來五天四夜之內要踏上的路徑。

四月是即將入冬的觀光淡季，西風將南太平洋萬丈深淵的寒冷吹進山谷，溫度低得讓人直打哆嗦。走進營地後天空竟然又下起了一陣小雨，連忙將背包丟進租來的簡易雙人帳，等

到雨勢稍歇才有氣力到周圍走走看看。

「百內」（Paine）字義源自巴塔哥尼亞原住民瀕危的特維爾切語（Tehuelche），意思為「藍色」，據稱是因為園區由冰川、峽灣、湖泊所包圍，冰、水、雪在不同時間與氣候呈現層次多重的藍色而得名。地理位置在南半球安地斯山脈的尾端，東邊是巴塔哥尼亞草原，西邊則是臨海的破碎峽灣。最著名的地標是百內塔（Las Torres），還有百內角（Los Cuernos）、法國谷（Valle Francés）以及格雷冰川（Glacier Grey），景色秀麗、生態豐富，但也以劇烈多變的天氣而聞名。百內國家公園如同世界上多數風景名勝，總會被媒體冠上「人生必遊景點」而引來大批遊客進場。但嚴格來說，我認真覺得世界上沒有一個非去不可，或者不去會遺憾終生的地方。真正恆久駐足心裡的秘境，往往存在於出乎意料的地點或定義更廣的場域，那一場命中註定的邂逅、那一個彌足珍貴的時刻，也並非透過主動懇求所能獲得。

過去一直以為這一塊區域就代表了巴塔哥尼亞，但實際來到這邊，才曉得巴塔哥尼亞（Patagonia）是一個更廣義的地理名稱，位置在南美洲南端，佔地約一百萬平方公里，將近臺灣領土面積的三十倍之大。地形豐富多元，有高原、沙漠、冰川、草原和無數個冰河時期留下來的湖泊，但土地大多由蒼茫開闊的荒原所佔據，延伸至視線所不能及的地平線盡頭。當麥哲倫在十六世紀初抵達這片土地時，因為見到當地土著遠比歐洲人還要高大，便以西班牙英雄小說裡長有巨大腳掌的野蠻生物「Patagón」為之命名。但這項說法一直沒有受到百分之百的證實，許多人相信這只是另一個繪聲繪影的「大腳」傳說。

人類習慣以傳奇和神話填補未知的領域，無論美化或醜化、恐懼或崇拜，都是一種很自然的心理防衛機制。百內塔是三座板狀的巨型花崗岩，從正面角度看像是三座頂天的尖塔，它的姿態就像是馬特洪峰或大霸尖山，無法忽視也無可匹敵，即使以我這顆經過現代化訓練的腦袋，在營地從群山的縫隙中看見百內塔時，也不免有那麼一刻臣服於它的深奧、肅穆，相信有股神秘的力量潛藏在岩層交錯的某處某地。

翌日，天氣如預報所料萬里無雲，我們從中央營地出發，歷經一陣上下起伏，通過蓊鬱的森林後進入最後一段爬坡，樹木淨空，步道鋪面在此由泥地轉為大小不一的碎石，失去林蔭的遮蔽，晴朗的陽光將石頭照得跟雪一樣白皙。隨著爬升高度增加，漸漸能夠看見森林五顏六色的樹冠層，黃、橘、紅、綠，秋色和背景灰黑色的岩層相襯後顯得更加立體。脫離植被的範圍後，岩塊的體積越來越大，像是進入一片灰白色的石林，常常一個彎道就看不見前後人群的身影。接著藍天在視野裡的比例越來越高，知道這是將要走到高點的徵兆，但是轉了又轉，始終沒能見到百內塔的輪廓，像是在玩捉迷藏一樣欲拒還迎。直到猛一抬頭，發現三座巨大花崗岩的尖端從雲端出現，隨後往前跨出一大步，越過一道視覺上的隘口之後，百內塔雄偉的英姿便毫無保留地填滿雙眼。

數萬年來，冰川將生成於白堊紀的沉積岩侵蝕、雕刻成現在的模樣，裸露於頁岩之外的巨大花崗岩是山體千錘百鍊後所留下最堅韌的核心，這更加彰顯了百內塔傲然挺拔的氣勢，存在感之強烈，霎時間會誤以為沒有其他山峰可以抗衡，而上一次有這種相同的感官刺激是在義大利的拉瓦雷多三尖峰（Tre Cime di Lavaredo）。我發覺觀看屹立突出的巨岩連峰，就像在仰望一座高聳入雲的哥德式教堂，渾然天成的神聖會誘發對大自然五體投地的敬仰。

步道終點是一座冰川湖，色澤是純正的湖水綠，灰褐色的百內塔就佇立在對岸，沒有任何可見的路徑通往塔的底座，所有遊客都被限制在同一塊湖岸遠觀那一幅令人屏息的連峰環景。在面對百內塔的湖岸左側，國家公園官方立了一塊警示牌，上頭清楚標示禁止跨越至立牌後方的區域。我發現在隱形的禁止線之後有一塊突出於水岸的巨石，剛好正對著三座尖塔，如果能爬到那塊石頭上拍照絕對可以獲得更好的構圖。果不其然，發現兩位年輕人就站在石頭上不停地擺姿勢、按快門，而這刺眼的畫面會不斷出現在我取景的構圖裡，拿在手上的廣角鏡頭怎麼閃都閃不掉。

有幸在世界各地幾個知名景點走過後，很清楚知道某些在網路上很受歡迎的照片，其實是跨過禁止線，或是任意踐踏復育中植物而得來的作品。所以每當我明明站在同一個地方取景，卻發現再怎麼拍也拍不到某些角度的照片時，大概就能知道，肯定是有某個傢伙做了我不願意做的事情罷了。同理，現實生活也是如此，有時候不是自己做錯了什麼，而是有些人

不在乎他的貪婪無禮。

我無法忍受這種自私的行為，當然也不允許自己踩過這道底線，無論禁止進入的理由為何，身為外來者起碼要表示對當地規矩的基本尊重。眼睜睜看那兩人站在石頭上十幾分鐘，拍了各種姿勢、各種角度，好不容易等到他們終於心滿意足地離開，卻馬上看見另一組隊伍也打算依樣畫葫蘆走到石頭邊拍照。一對父母領著兩位看起來像國中生年紀的孩子，無視禁止標誌，大剌剌地走進防守鬆散的封鎖區。我看見走在身後的男孩似乎略有疑慮，輕聲提醒他父親不該走進禁止通行的地方，但脖子上掛著一部大相機的爸爸沒有把兒子的勸告聽進耳裡，在擺好相機就定位後，立刻興致沖沖地指揮全家人攀上那顆巨石，緊接著又是一陣快門聲響起。天空好藍，湖水好綠，而我臉色鐵青。

「嘿！請離開那邊好嗎？你們一家人都跑進我的鏡頭了。」幾分鐘後實在無法克制怒火，幾年來在觀光地區累積的牢騷和無奈一次爆發，我用不耐煩的語氣向那位父親表示這種自私的行為其實非常沒有禮貌。

「那在我離開之前，你可以幫我們拍一張全家福嗎？」他說的英文有歐洲口音，提出這個請求時臉上一副皮笑肉不笑的模樣。這反應令人傻眼。

「不要！」我立刻拒絕。**你想得美**。

「好吧，那我就不走囉。」他故作無奈地笑了笑，隨即回過頭去繼續拍照。

「你這真是非常不良的示範！」呆呆見狀，也生氣地用英文回應對方。以當時情況來看，父母親在小孩子面前沒有以身作則是最讓她惱火的事情。

我想起在冰島公路旅行的最後一天，呆呆在一處老屋遺跡，看見一對年輕情侶冒險爬上禁止攀登的石壁，那位穿著時髦的女孩子很明顯地感到害怕，但他男朋友不斷鼓勵她繼續往上爬，以便能拍到更刺激、更驚險的畫面。呆呆一直很耐心地等候他們離開，希望快速拍完幾張照片後回到車上和我會合。但事情進展並不如預期順利，隨後那位男孩子竟伸手遞出相機，拜託呆呆為他倆拍下合照，而前提是要等他也爬上石壁和女友會合。

「不！我拒絕！」這位正義凜然的臺灣女子大聲回絕了他的請求。根據呆呆的說法，那對情侶原本嬉皮笑臉的表情瞬間垮了下來。

同樣的劇情在百內再度上演，但這次除了表達無奈以外依然別無他法。原本以為事情就這樣過去了，沒想到在幾秒鐘後，那位年輕爸爸竟然將相機鏡頭轉往我的方向試圖要拍下我的照片。**認真的嗎？**我眉頭一皺，立刻針對他的挑釁，回應一個連自己也意想不到的舉動：對著鏡頭伸出左手中指。

「不要這樣。」呆呆馬上出手阻止我衝動的反射動作，但來不及了，即使我在出手當下也覺得這並非恰當的舉止。還好衝突沒有擴大，他見狀後自討沒趣，和家人逗留一會兒之後便離開。但緊接著又出現好幾個人絡繹不絕地爬上同一塊石頭拍照，喀嚓、喀嚓、喀嚓……

回程下山時不斷低頭思考剛剛發生的事情，檢討自己是不是能有更好的處理方式，於是再度陷入一語不發的沉默。行使正義的權力與施行的程度，那道界線究竟該怎麼拿捏？而所謂的「正義」又該如何被定義？

這個議題首度被深刻探討的時間點也在PCT那段旅程，當時是七月上旬，我們走在荒野自然保護區（Desolation Wilderness）境內，那塊區域被公認為北加州風景最優美、最精華的路段，山光水色讓人流連忘返、驚嘆連連。某天傍晚，在一段窄路的下坡迎面遇見一位上行的徒步者，由於剛走完一大段爬坡，加上已接近要找營地休息的時間，體力差不多用完了，身體的疲倦讓步伐越來越重、越來越慢。就在將要擦身而過的瞬間，我微微側身，試圖禮讓上坡的男子並打聲招呼，卻見他來勢洶洶、一臉蠻橫，似乎沒有回應的打算，正覺得納悶的時候，左肩竟被他狠狠撞了一下，力道之大讓我差點失去重心滾落邊坡。第一時間的反應是驚嚇，不曉得該怎麼反應。走在後方的呆呆將這一切都看在眼裡，隨後她走到身邊，輕聲告訴我那位男子似乎原本也打算對她施行同樣的暴力，但抬頭發現呆呆是女孩子而且惡狠狠地瞪大雙眼表示警告後，他才不情願地讓出兩人皆可安全通過的空間。得知這個狀況，我的反應立刻由驚嚇轉為極度的憤怒。

「下坡的人本來就要禮讓上坡的人。」那位戴棒球帽的年輕人語調十分無情，試圖用步道的潛規則合理化他粗魯的行為。淡淡丟下一句話後，頭也不回地往我們的反方向離去。

憤怒轉變成更狂烈的怒火。往下走了幾步之後，越想越不對勁，於是回頭往他的方向使勁以所有能發揮的英文髒話回擊，甚至把三字經都用上也無法弭平如火山爆發的情緒。我用盡全身剩餘的力量，歇斯底里地在空蕩的樹林裡咆哮，原本疲軟的步伐因腎上腺素激增而變得越來越快，終於在幾分鐘後決定丟下背包回頭追過去理論。**我受夠了**。步道上善良的人很多，但也遇過不少讓人不知如何反應的混球，然而我們始終試著淡化那些歧視和輕蔑，為的就是不願對步道產生任何負面情緒，所以即使才剛發生背包被偷的事件，呆呆和我依然保持輕鬆、自在的態度。但那一記撞擊，以極強的力道狠狠撕裂小心翼翼維護的底線。

「他不值得你這麼做！」呆呆追到身邊將我拉住，想要阻止更愚蠢的事情發生。

但理智已經被拋在腦後，我非常確定，以當時盛怒所爆發的力量絕對可以立刻終止他的步道生涯，但是當這個可怕的念頭出現時，隨即明白我們在 PCT 無憂無慮、自由自在的生活也將跟著葬送，況且無論如何都不該讓呆呆承受這種後果，這太過自私也太淪於意氣用事。心不甘情不願地扛起背包，我將所有懊悔、痛苦、委屈吞進肚子，像個行屍走肉，毫無靈魂地在樹林裡遊蕩，腦海不斷重複上演該怎麼報復的戲碼，只是在認知這一股忿恨永遠找不到排解對象之後，整個人便掉進永無止盡的深淵。那天傍晚的夕陽很美，太浩湖的水面映照出晚霞迷離的光彩，但我卻完全沒有心情欣賞。現在回想，那淒慘的模樣簡直是魔鬼附體。

「我很害怕會將這個情緒帶到終點。」距離走到加拿大還有兩個多月，我向呆呆坦承心裡最恐懼、最擔憂的結論。

「他可能就只是一個壞蛋，或者他那天也遭遇了什麼不好的事情，讓他選擇將怒氣發洩在你身上。」呆呆受不了我鬱鬱寡歡的模樣，因為一股糟糕透頂的情緒正在侵蝕已經累積三個月的快樂，而我沒有回收的能力，只能任由這片烏雲持續擴大。她接著說：「你看看你的樣子！為什麼要接收一個人的惡意，然後醞釀出更強烈的惡意傳遞給下一個人呢？」

這番話讓我突然清醒了，原本已滾成巨大雪球的怨恨漸漸融解。事情過後第三天，我們在湖邊找到一塊隱密的營地搭起帳篷，夕陽很美，威兒瑪湖淡紫色的水面如鏡，我脫掉衣服走進湖裡，讓幽靜的湖水帶走左肩淤積的疼痛和悲傷。

這段故事沒有寫進《步知道》書裡，因為不曉得會不會在無意間也將那股惡意傳遞到讀者身上，在沒有思考出這件事情的提示與價值之前我選擇絕口不提。事後我用了好多時間診斷事情的來龍去脈，也在生活日常搜尋破解的線索，最後終於領悟，惡意就像無臭無味的毒氣，常常被不經意地散播或接收，於是威脅、恐懼、謠言、嘲諷、恨意便無聲無息地向四處蔓延。而且因為沒有明確的因果關係，意即惡意並非經由單一事件所產生，而是透過許多不經意的瑣事慢慢累積而成，所以大部分的人都不明白自己早已默默淪為推波助瀾的兇手。尤其在資訊流通極其快速的網路時代，任何人在任何時刻都能針對任何事件發表任何看法，卻常常忽略把關訊息傳遞的潛在責任，種種以正義為名的暴力在隨處發生，而多數人選擇將它

傳遞下去，形成一股更巨大的集體惡意。

冷靜之後，我非常害怕這股惡意會傳遞到那一家人的心裡，並且轉變成另一種型態蟄伏在某處。PCT那位男子選擇用他認定的正義教訓了我，難道我也要犯下一樣的錯誤？回程路上忐忑不安地設想各種情況，會不會那位父親只是拉不下臉道歉，所以想要透過拍下我的照片化解尷尬的局面？會不會這是他們旅行的第一天而已，而我卻不經意地破壞了這家人往後幾天的心情？接著突然意識到，在他親人面前用中指挑戰一位父親的權威，其實對小孩子也是非常不良的示範，而且對教育完全沒有幫助，更恐怕摧毀父親在孩子眼中的形象。種種混亂思緒在心頭縈繞，我迫切地加快腳步希望能追上他們，心裡不斷反覆練習該用什麼方式表達歉意。

半個小時後，在接近一座山屋時總算看見他們的身影。我快步向前，但是擔心他誤會又有麻煩上門，所以首先面帶歉意和他握手，接著表示對於剛剛失序的行為感到非常抱歉。

「我不該在你孩子面前這麼做，事情可以有更好的解決辦法。請你接受我的道歉。」我謹慎地用英文解釋來意，期望對方不要嚇著。

他一開始有點摸不著頭緒，搞清楚意圖後才拍拍我的左肩，微笑表示一切都沒有問題。我看見年輕媽媽鬆開緊皺的眉頭，而他兒子臉上展開的笑容讓我覺得這個決定的價值並不在獲得寬恕，而是化解一股可能擴大、變形的惡意。

「你跟他說了什麼？」隨後走過來的呆呆還不清楚發生什麼事情。向她解釋後，呆呆也表示認同。

「但這不代表可以原諒他跨過禁止線拍照。」我再度聲明不變的立場。

隔天持續往西移動，諾登舍爾德湖（Lago Nordenskjöld）沿岸的風光細緻地讓人驚呼連連，走在起伏彎折的步道上，每一處轉角後的畫面都像是精心設計的布景。雖然天空滿掛外型各異其趣的莢狀雲，淺綠色的湖面則水波不興，種種跡象皆宣告氣候即將出現變化，但心情依然清新舒暢，絲毫不受暴雨將至的影響。拋下了前一天惱人的課題，能夠心無旁騖地徜徉在大自然的懷抱是何等的奢侈。我把握心裡難得的清閒，盡情享受百內各處的風光明媚。

傍晚抵達法國營地（Camp Francés），帳篷搭在潮濕陰暗的樹林裡，晚上睡覺的時候，雖然離法國谷的冰川還有點距離，但半夜仍不時聽到一陣陣從遠處傳來冰塊崩裂的聲音，低沉、深邃，穿過層疊的山谷、樹林，將幾世紀前山岳凝結的乾咳迸發出來。呆呆說她聽過風聲、雨聲、水聲和動物的聲音，在那天夜裡倒是第一次明確聽見山的聲音，迴盪在冰川雕塑的群峰之間。我想像聲音來自一場遠古時期發生的巨大爆炸，震耳欲聾的怒吼透過時空的壓縮後，在千百年後稀釋為傳進耳朵的低鳴。或者更具體一點形容的話，那聲音像是一聲巨人飯後的飽嗝，意義宛如梵音的「嗡」（om），傳遞了宇宙生命的原始能量，語言和文字頃刻失去意義。

呆呆曾說她偶然會發現自己是以失語的狀態在山林漫步，走著走著，咽喉會無意識地發出一聲短促、沉重的嘆息。一直不明白那帶有什麼樣的訊息，過了好長一段時間才理解，那可能是「自我」溶解、消逝後，身體和大地共振發出的回音，不帶有任何情緒。透過單調規律的步伐讓語言暫時停止運轉，於是回歸自然、成為自然，以天生的感知能力去聆聽動物的語言，植物的語言，礦物的語言。無怪乎路走得越長，想說的話就越少，而每當來到像巴塔哥尼亞如此遼闊的地景時，心境便很自然地復歸靜止，腦袋裡不斷組織的自我對話也因此銷聲匿跡。

複雜的語法、文字都是進入文明社會之後才衍生的產物，相較之下，歷史上已知幾種瀕危或業已消失的語言，大多來自與世隔絕的偏遠地帶，而這些語言的共同特徵之一就是結構簡單，因為無法滿足現代社會的複雜交流而漸漸失傳。所以越是荒涼原始的地方，語言就越派不上用場，或者說，語言已轉換成另一種溝通的形式，無須倚賴具體的符號。

回想連日走過的幾片美景，因為超過文字能夠詮釋的範圍而令人啞口無言，某方面來說，有點接近當時在樹林裡因情緒失控發出的瘋言亂語。柏拉圖認為萬物最核心的本質無法言說，以他提出的「理型論」觀點來看，所有人類感官能夠觸及的事物都存在一個完美的抽象「理型」（Form），它是萬物生成與臨摹的根源，因此我們看待山的觀點，例如美、醜、險、峻，以及衍生的感動、讚嘆與恐懼，都是藉由另一個人對山的心理投射所做的二次詮釋。簡單來說，

看待一座山的視角乃建構在他人的視角，我們只是一再複製、挪用他人的感受當作自己的感受。而為了記載和傳遞這些資訊，人類使用各自定義的文字和藝術形式去表達、去創作，這因而塑造了整個世界的價值觀，語言的奧妙與局限性便在此表露無遺，因為從未有人見過真正的完美理型，我們才會在不知不覺中毫無保留地沿用前人累積的知識與見解。

維根斯坦表示面對無法討論的事情就必須保持沉默，代表在辭意無法抵達的地方存在著超乎經驗法則的事物。因此，只要一碰觸到最接近理型原貌的自然現象，無論善惡美醜，超出語文理解的界線後，我們所能反應的也不過就是眼淚與嘆息。

在百內的最後一天，氣象誠如預報所言，天空下起滂沱大雨，踩過滿是水流的泥濘步道，接近正午時陽光終於突破層層雲霧，這時才總算稍微見到格雷冰川邊緣的面貌，在一如其名的灰色湖面上看見漂浮的零碎冰塊，清澈、湛藍，也看見一道完整的彩虹懸掛在如鏡的湖面上。但這樣的光景僅僅持續約二十分鐘，隨後天氣竟變得更加惡劣，百內惡名昭彰的狂風將大雨不停打在身上。

但為了更接近格雷冰川的本體，我們仍不斷深入風雨飄搖的樹林，通過兩座因強風拍打而顯得搖搖欲墜的吊橋，斗大的雨滴被驟降的低溫削成尖銳如針的細雪，一根一根扎在臉上，刺痛，但是精神反而更加抖擻，甚至因恐懼的釋放而放聲大笑。在言語失去效用的荒蕪之地，

我因而看見自己更清晰的內在。

登山會讓一個人變得更好嗎？這個問題有很多討論空間，首先要定義什麼是「好」就很頭痛了，而一個人的品性優劣能不能成為篩選進出山林的資格審核更是一個值得探討的議題。登山者常深信不疑的一則謊言，就是相信自己可以透過山而得到改變。其實不然，人不會真的改變，只會因磨難而更理解自己的弱小與強大，於是可以選擇成為任何模樣——變成更好的人、更壞的人，或者如我所期盼的，成為一個「與好壞無關的人」。

我開始不認為爬更高的山、走更遠的路會改變一個人的個性，像是變得更謙虛或更寬容，這是一般常見的誤解。以前會那麼想，但往後再也不會了。因為我漸漸理解，花越多時間與大自然相處只是更加凸顯人的本性，換句話說，會更忠於自我。於是這就關乎本性的好壞，也許好的更好，壞的更壞，逐漸向光譜的兩端靠攏，因此關鍵就在於一個登山者如何表現他的中庸與無為。登山者不見得要具備良好的美德，同理推論，美德也無助於攀登更高的山岳，山與人都不該背負世俗的期待。如果認定一個人因為接觸山林而變得更善良，那其實很有可能他本來就是一個善良的人罷了，跟山無關，是山這個領域提煉出一個人的本質和氣質，就像被歲月雕琢而成的百內塔，表面所有的凹凸與皺摺在陽光的照射下皆一覽無遺。

越過一段又一段爬坡，最後我們終於抵達最能看清楚冰川的觀景點，一隻安地斯禿鷹從頭頂上掠過後消失在迷霧繚繞的冰雪之中。站在懸崖邊往下俯瞰，冰川邊緣推擠的碎冰堆積

在黑色的岩岸，匯集之處像一圈往地底深陷卻靜止不動的漩渦，彷彿我看見的不只是一片凍結的河水，而是冰封數個世紀的冷冽與深邃。

10 所有旅程的終點都通往最初的起點

離開里斯本的夜車——

結束在葡萄牙里斯本的短暫旅行，從背包客棧拎著行李轉乘至偌大的東站，等候夜間九點三十四分開往西班牙馬德里的臥舖夜車[*26]。七月的夏天，日照約莫結束在九點，向晚的濱海山城有陣陣涼意，和視覺接觸的暖和色溫有段不小差距。天空的下半層是淡淡的粉紫色，上層是接近透明的黃色，斜照的日光穿透白色鋼骨與玻璃構成的巨型天幕，柔和地灑落在室外寬闊的月台，手拿大小行李的乘客左右張望，搜尋即將靠站的列車。這座灰白色的現代車站落成於一九九八年，是當時葡萄牙慶祝萬國博覽會開幕的主要建設之一，內外的尖形拱頂和對稱的肋狀支柱有明顯的哥德式風格，車站內部彷彿凍結的黑白光影，從許多角度都能拍下冷峻、疏離的攝影作品，十足符合我對車站的刻板印象，充斥令人不快的告別與抉擇。

但記憶中幾段關於搭乘火車旅行的經驗都很美好。最早，在童年時期對於全家人要搭火車到外地這件事情，便已感到純然的興奮與期待，相較旅程的目的地何在，我更關心的是搭乘機械巨獸在鐵軌高速行駛的過程本身。雖然這趟旅行大部分的記憶都消逝了，但永遠記得火車脫軌停在偏僻郊外時，我依然好整以暇沉浸在靜止的悠閒時光中。當時懵懂，但現在才明白那不只是一節車廂偏離軌道，連帶那位小男孩也一併脫離時間與終點的制約，全然享受當下。這份遙遠的記憶，將當時的心情深深烙印在身體。幾十年後，我騎乘單車在蘇花公路遭逢大雨而被迫停在漢本車站，慌亂中坐上最近一班電聯車逃離驟降的暴雨。坐望窗外風景，聆聽鋼輪壓在鐵軌連接處發出的規律運轉聲，扣扣、扣扣、扣扣……天氣晴朗後，吹進車廂的涼風有潮濕泥土的氣味，刻畫在身體幾已遺失的記憶再度活躍，獨自一人，在快速掠過的風景中感受的寧靜，以一條極細的絲線將我與遙遠的過去連結。我知道現實不可能允許，但那時候真的希望火車永遠不要靠站。

太加斯河吹來的冷風鑽進敞開的衣領，天色不知不覺轉暗，從遠處逼近的火車頭燈光越來越刺眼，旅人恍惚的身影逐漸被不斷擴大的光芒吞沒，啟程與抵達在此分野，我切進上下車交錯的人流，步入車廂。幾分鐘後，離開里斯本的夜車輕輕滑進寧靜的黑夜。

---

26 盧西塔尼亞線列車（Lusitania Line）通行於葡萄牙、西班牙和法國三地，由西班牙國家鐵路 Renfe 營運，西葡兩國由里斯本和馬德里兩座城市往返。出發前可事先透過臺灣飛達旅遊預訂車票及行程，或洽詢「坐火車去旅行」臉書專頁。

「旅行是一幕消逝的場景，一場孤獨的旅程，沿著變形的地理稜線，進入全然的遺忘。」保羅・索魯（Paul Theroux）在《老巴塔哥尼亞快車》的序章，以近乎宣示的語氣勾勒旅行的風貌，也同時是我認為在旅行過程中，內在心理所應具備的適切狀態：無論是否有人相伴，也要嘗試獨自消失在旅程裡，拆解、檢視自我，並藉由遺忘將身心除舊布新。因為透過逃離現狀的旅行，去認識並更新自己是一條暢快的捷徑，這遠比承受挫折、失敗與試煉來得輕鬆愉悅。雖然保羅認為大多數旅人的「自我戲劇化」——意即將自己誇大為孤獨、勇敢的冒險者——是種令人感到厭倦的通病，但其實旅行作為創造人生支線的最佳管道，輕鬆扮演不同場景裡永遠的主角，若不帶有任何一絲孤獨、冒險與叛逆、流浪的情懷，又該如何讓人心神嚮往？

十九世紀初，大英帝國為了滿足棉花運輸的需求而開始發展鐵路。西元一八二五年，第一列運行於公共鐵路的載客蒸汽火車「機車一號」在英格蘭問世，五年後完全使用蒸汽動力的利物浦和曼徹斯特鐵路開通，不只促成新一波交通革命，引領人類開拓邊疆、傳播思想，也改變了世界交流運行的方式；而相較動力來源原始的馬車或轎子，平穩、舒適的蒸汽火車更直接促進近代休閒旅遊業的興起，受惠於工業革命的有錢上流仕紳，終於可以免受搭乘蓬車長途顛簸之苦，越來越多人開始萌生到外地遊歷的興趣。

一八四一年夏天，英格蘭商人湯瑪斯・庫克[*27]與鐵路公司合作包下一列火車，召集五百多名旅客進行一趟單日短程鐵道旅行，來回距離僅約十八公里，每人收取一先令[*28]，相當於當時一般勞動人員的兩天工資，費用包含火車票和沿路的餐食。這趟歷史性的鐵路之旅成為日後團體旅遊的雛形，也奠定現代觀光事業的基礎。往後庫克持續發展他的旅遊事業，除了發行旅遊指南手冊和旅行支票，也開始組織跨國旅行團，將鐵路運輸與大眾旅遊完美結合。

歷史學家對庫克的評價是：他發現了一個人人都熱愛的需求，並且找到方法加以滿足。雖然在當時眼光來看，搭乘蒸汽火車旅行並無法和真正的冒險相提並論，畢竟那是歐洲登山運動的黃金年代，探險家的視野在高峰、荒野、極地和叢林，舒適的交通工具顯然無法成為冒險故事的主軸。然而作為一個點對點的運輸工具，在進入汽車時代之前，鐵道乃搭載旅人通往四方的最佳選擇，是當時最快速、最有效率的交通工具。即便現今早就進入太空時代，

---

27 湯瑪斯・庫克（Thomas Cook, 1808-1892），被後世譽為現代觀光之父，當年的旅行公司已發展為湯瑪斯庫克集團並持續營運至今。

28 英國舊幣制的一先令等於十二便士，是一英鎊的二十分之一。西元一九七一年後已全面改為十進位制。

人類已開始思考星際旅行的可行性，回顧運行將近兩百年的鐵道及其衍生的旅遊文化，仍有其無法抹滅的價值與意義。

火車與旅行的關係密不可分。人們為了旅行而搭乘飛機，抵達目的地後才正式啟程，但搭乘火車本身就是一場旅行，從引擎發動後便已置身其中。鐵道紮實地陳列在廣闊無垠的土地，綿延千里不見盡頭，然而旅人並非不知去向，相反地，在固定的軌道兩旁總有出乎意料的風景。不像搭乘長途班機移動到另一個國度，往往只體現了旅遊意義上的「抵達」，卻缺乏充滿未知的「過程」。

回顧個人有限的印象，幾乎沒有一位朋友發表過享受長途飛行的言論。擠身在狹小的機艙，吞嚥平淡的冷凍食物，低沉的引擎聲轟隆隆地讓人無法入睡，偏偏又得被迫在大白天關窗，以便接受沒有成效的時差調整。接著在空服人員燦爛卻略帶疲乏的笑容招呼後，將腫脹的雙腳塞進鞋子裡，茫然步出機艙。這無論如何都不像是享受，反而比較接近漫長的折磨。我不禁想像自己被戴上黑色頭套關進密閉的後車廂，接著在歷經無數個黑暗時刻後，被粗暴地丟進全然陌生的環境，剝奪與沿途風景互動的過程。

電影導演魏斯・安德森（Wes Anderson）的作品常以鐵道為背景，毫不掩飾對鐵路文化的熱愛，認為火車旅行者是「人與風景的觀察家」，他接受媒體採訪時表示：「上車後唯一能做的事情似乎只有殺時間，但在移動時能擁有這段時光總是特別美好。搭火車旅行是令人感到平靜與興奮的最佳組合。」與其困在飛機上十幾個小時，魏斯說他寧願花兩天時間坐在供應三餐的長途夜車裡。保羅・索魯則寫道：「對我來說，旅行中最棒的事，莫過於夜深人靜時上車，將霜雪滿天的瘋狂城市關在臥房門外，心中則了然，清晨將獻給你全新的緯度。」他說：「重要的是旅行，而非降落。」

離開里斯本的夜車持續在黑夜中疾駛，時速一百四十公里，將在十一個小時後抵達馬德里查馬丁車站。行李安置妥當後，我打開艙房內的窗簾，目送漸遠的燈火。這輛盧西塔尼亞線列車別稱「火車旅館」*29，和搭飛機一樣提供不同價位的艙等，有隱密包廂也有半開放式的斜躺座椅，我入住的車廂主題顏色是棗紅、粉紅與絳紫，神秘、典雅，凸顯與其他車廂的不同，但是塑料的質感讓人不免聯想起日本的膠囊旅館。

室內寬度略短於雙臂展平的距離，入口右側是附掛在牆面的上下鋪，有柔軟的床墊與枕頭棉被，以及閱讀燈和充電插座；中間是與肩同寬的走道，僅限通行，無法將行李箱平放；左側小門推開是廁所和淋浴間，設備一應俱全，有洗手台、化妝鏡和沖水式馬桶，也提供盥洗包、毛巾浴巾和掛衣架。熱水供應出乎意料穩定，踩踏幫浦後沒幾秒鐘，冒煙的水流便從花灑洩出，我不禁發出讚嘆。隔壁列的餐車供應主餐和零食飲料，高級車廂的乘客能夠享用包含於票價內的晚餐和早餐，一泊二食，的確是名副其實的移動旅館。

躺在柔軟舒適的床鋪，我以為能夠一覺到天亮。但實際上，置身黑暗讓身體其他部位的感官變得更加靈敏，每一處轉彎的車身震動，每一節鐵軌的間隙造成的聲響，在夜裡如夢魘陣陣襲來。我感到焦躁不安，期望的落差造成嚴重的失眠，不時拿出手機確認火車在地圖上的位置，但那些地名沒有任何意義，反而造成更大的失落。一位朋友提及在旅行時特別鍾愛難喝的咖啡——「這才能讓我意識到自己正在旅行」他說，並對這癖好感到欣然。我十分能夠理解這種心境，一如我鍾情觀光地區販售的醜陋明信片。那一夜的失眠對我來說就像是那杯咖啡，提醒自己正移動於陌生的土地，牽起與家鄉的一絲連結。

火車旅行被賦予各種哲學式的符號與隱喻：生死、離別、身不由己的抉擇、現實與虛幻交錯，也當然有象徵希望的隧道、浪漫的邂逅、不期而遇的驚喜和久別的重逢，這些元素讓鐵道成為許多故事裡的重要場景，懸疑、謀殺、愛情、推理、科幻……應有盡有。我不禁懷疑，這些情節是否也在同樣失眠的環境構思而成。

---

29 火車旅館（Trenhotel），字義上結合西班牙語的「火車」（Tren）和英語的「旅館」（Hotel）。

小說《里斯本夜車》敘述精通語言學的高中教師戈列格里斯，在單調的日常偶然邂逅一位說葡萄牙語的神秘紅衣女子，她突如其來出現又驟然消失，攪亂他原本平穩的生活節奏——紅色外衣的安排如同日本電影《鐵道員》裡，北海道冬日白雪中的紅色列車，以及身穿紅衣的小女孩，那毫不掩飾關於死亡與歧點的暗示。戈列格里斯像在夢遊一樣承接了模糊的召喚，憑藉僅有的稀少線索四處找尋女子身影，過程中在書店找到一本以葡萄牙文撰寫的《文字煉金師》。戈列格里斯雖精通拉丁文、希臘文和希伯來文，卻對葡萄牙文一竅不通。他請書店老闆以葡語唸出書名，立刻愛上那優雅的聲調，隨後老闆翻譯書裡的幾個段落更令戈列格里斯感到內心一陣酥麻，彷彿為他而寫——「如果我們只能依賴內心的一小部分生活，剩餘的該如何處置？」這句話似乎喚醒了什麼，他決定放下一切，從瑞士伯恩出發，搭上前往里斯本的夜車追查作者普拉多的一生。

故事情節圍繞在戈列格里斯一邊閱讀、翻譯如自傳式散文的《文字煉金師》，一邊尋訪認識普拉多的親友，逐漸拼湊出三十多年前悲傷故事的全貌。過程中他不僅與自己對話，也和已逝作者的文字對話，他們同樣有淵博的學識卻感到孤獨、疏離，兩個不同時代的男人因此有許多生命經驗的重疊。戈列格里斯討厭飛行，於是選擇搭乘長途夜車抵達里斯本，而普拉多也時常在文章裡闡述對鐵道旅行的喜愛，並以火車對自己的人生做出精闢的比喻。

> 我覺得很多時候，人與人的相遇正如深夜裡呼嘯交馳而過的列車。（夜中稍縱即逝的臉）

> 我上車實非自願，既沒有選擇，也不知道目的地何在。……旅途漫長，有些日子裡，我真希望旅程永無止境。有著這樣想法的日子裡，真是難能可貴。還有些時候，在我得知只剩下最後一個隧道，火車將永遠停下來時，我由衷感到高興。（我的內心，有如一輛行進中的火車）

> 車站的獨特香氣撲鼻而來時，我們不只是到達了遠方某處，同時也抵達內心某處遙遠的地方，一處或許非常偏僻的角落。……我們為什麼會為無法出門旅行的人難過？因為他們無法跨足外在世界，內在不能隨之延展，無法豐富自我，因此被剝奪深入自己內在的可能性，沒有機會發現自己還能成為什麼樣的人，變成什麼模樣。（內心的廣袤）

小說改編的電影版將書裡普拉多的一段話做了延伸，原文是「我們離開某處時，總會留下一些東西；人雖已離去，心卻依舊留在那裡。有些事，只有回到原地，才能再度尋得。」電影版以普拉多內心口白的方式，緊接原文在結尾加了一句「……我們在探索自我的時候，會前往某處生活，即使只是短暫的停泊。」其中「探索自我」的英文是「travel to

Ourselves」，編劇使用「Travel」一字的精準與巧妙也讓我感到一陣酥麻。

知道這個故事很久了，但在結束里斯本夜車的旅行後，我才終於接觸原著小說和改編電影，然而書中諸多觀點與自己的思考領域竟是如此契合。這股異樣的親切感正如戈列格里斯被普拉多喚醒一般，不知道為什麼，總覺得此刻的自己，和抵達里斯本的夜車，以及離開里斯本的夜車，三個不同的時空背景與人物，卻在同一個時間點，也就是列車上那個失眠的夜晚，產生了不可思議的撞擊。

夜車又過了幾站，有時候輕輕減速，有時候溫柔停頓，將上車的旅客接駁到遠方。我曾不只一次想像搭乘臥鋪列車的情景——在封閉車廂裡與形形色色的人相遇，而這些萍水相逢的旅人們，也和窗外快速交錯的風景同樣一去不復。在單一軌道上，迎向未知的同時，也在向熟悉的事物告別，這因而催生出結合徬徨不安，又讓人滿心期待的複雜情緒。但想像歸想像，事實上我只是在搖晃前進的列車上翻來覆去，嘗試在漫漫長夜中入睡；而幻想中的邂逅一次也沒有發生，我並沒有和任何人「相遇」，唯一令人印象深刻的對話，是餐車廂吧台人員一句：「這邊禁止拍照！」

不知道何時在臥鋪上陷入沉睡，再一次醒來已經是早晨。打開窗簾，讓刺眼的日出陽光裝滿整個車廂，窗外的視野清晰無比。外面是不同的國度，使用不同的語言與文字，一個全新的「緯度」。列車緩緩抵達馬德里，帶著失眠的倦意步出車廂，一週後我將重返同一個車站，展開下一段徒步旅程：聖雅各之路。

> **不虛度光陰。在有限的時間裡，做些有價值的事吧。……去旅行，實現多年的夢想；學習一直想學習的語言，讀一直想閱讀的書籍，買一直想買下的首飾，到夢寐以求的飯店住上一晚。總而言之，別讓自己覺得遺憾。（死亡的警告——記住，你明天將會死）**

我依然無法確定自己是否喜歡鐵道旅遊的方式，但熱愛旅行這件事情不會改變，無論向內或向外。

11

歸零

西班牙朝聖之路——

這是第五天了，從薩里亞小鎮（Sarria）出發至今已經走過八十幾公里，距離終點聖地亞哥只剩一天路程。七月夏季午後的陰天，氣候非常涼爽，預計再走兩個小時就能抵達下榻的旅店。時間還非常充裕，我和呆呆走進一間朝聖者聚集的酒吧，一棟叫綠色小屋（Casa Verde）的房子，外觀看起來非常普通，甚至可說是有點無趣的設計，格局方正得像臺灣鄉下隨處可見的透天厝，外牆貼滿土灰色的壁磚，座落在雙線道的馬路邊，沒有與其他房舍相連，若不是屋外擺了幾張桌子，還有擠在前廊熱鬧的人群，眼前的綠色小屋僅是一棟平凡、孤立的民宅。但是推開門進去，映入眼簾的景象卻呈現與外在迥然相異的氣質，如果說它的外觀像沉悶的學究，那內在肯定是個放蕩不羈的嬉皮。放眼望去，從天花板垂吊了無數件五顏六色的上衣，破舊、發皺，些許泛黃，但不至於到發霉的程度，有點類似二手衣專賣店裡會散發的氣味。仔細看可以發現，衣服上大多有墨水的痕跡，寫滿看不懂的文字或簽名，多數是西班牙文和英文，散落在屋內各處。

不需要多高深的推理能力，也可以判斷這些舊上衣的主人是路過的朝聖者，來自世界各地，懷抱不同期待和目的上路的旅人們，在即將終結苦行之際，將身上穿得破爛的衣服留在這裡，藉此向過去的自己道別。阿迪歐斯（adiós），再見，但坐在屋子裡從沒看過要離開的人，大家的屁股好像打算黏著不走。隔壁那桌喧嘩的年輕人，正是這兩天在路上常巧遇的同一群徒步者，個個都是熟面孔，因為他們幾乎在每一間餐館、酒吧都停下來飲酒作樂，猜想這是一種慶祝的儀式，也多少帶點不捨，畢竟意義深遠的旅行即將結束，或者用更殘酷的說法：一場美好的大夢就要醒了。我想像他們在高速轉圈的黑膠唱盤上，使勁地朝反方向衝刺，堅定拒絕必將到來的終曲。觀察他們身上的行囊和衣物破損的程度，應該已走過一定的距離，也許三百公里，或者五百、一千，總之是此生走過最長、最刻骨銘心的旅程吧？那麼這一刻的心情，是否和我當初接近 PCT 終點的心情一樣呢？很想找個人聊聊，但心裡也明白不會立刻得到答案，這太複雜了，絕非三言兩語能解釋清楚，但可以非常確定的事情是，如果已經漂泊了八百公里，自己肯定也會留在此地喝個大醉酩酊。

現場氣氛熱烈、杯觥交錯，所有陌生人都像朋友一樣互相敬酒，玻璃瓶叩在桌上的聲音不絕於耳。因為不餓不渴，只向櫃檯點了一瓶可樂，最起碼求個共襄盛舉的參與感，畢竟一個半小時前才剛吃過午餐，有沙拉、海鮮燉飯、煎豬排、薯條、麵包、燒烤伊比利豬五花和甜點，也喝了啤酒和美味的紅酒，卡路里和酒精一點都不缺，更不需要休息，因為這幾天走

galicia

的路段幾乎沒有上下坡，也幸運躲過盛夏應該出現的烈日，而且腳底沒有該死的水泡，一切都很順利，像抹在吐司上的奶油，柔順滑潤，散發甜甜的香氣。我所缺乏的，說來有些難為情，可能是自覺為徒步者的共鳴，或者說穿了，是一點點對等的認同。

要大方承認這件事情需要一點勇氣。在上路前我沒有預設任何目的，也無意獲得啟發或答案，單純為了享受異地步行的樂趣而走。況且會萌生走朝聖之路的念頭，有大半原因是貪圖美食與美酒。走 PCT 時，從其他徒步者口中聽聞這是條距離相對較短，而且天天有床睡、可洗澡，餐餐吃飽還有紅酒當水喝的步道。對當時每天髒兮兮又吃不飽穿不暖的我們來說，朝聖之路聽起來簡直像一座迪士尼樂園，是孩子的天堂，沒有任何紛擾、憂愁的成分，然而我卻在旅途中產生難以排解的困惑，像不請自來的蒼蠅，甩也甩不掉。而這一切的罪魁禍首，僅僅來自一句無心發現的塗鴉。

明亮的日光透過窗戶照進綠色小屋室內，發現就連木桌的每個角落都寫滿密密麻麻的文字，很像中學時期課桌椅上的無聊情詩或髒話，但是一句話都無法辨識，令人納悶是不是也有幾句路上常見的塗鴉，例如「愛能戰勝一切」，或者「一個人可以走得很快，但一群人可以走得更遠」這一類像心靈雞湯的標語，和無數個到此一遊的簽名一樣，出現在沿途所能見到的牆壁、里程碑和隧道的出入口。我回憶出發的第一天，在通過極有紀念意義的一百公里里程碑後，下一座標示「98,763」公里的石碑，有個傢伙用藍色簽字筆以英文寫上「Jesus

Didn't Start in Sarria」（耶穌並非從薩里亞出發），並署名「Touregrino」，一個結合英語「tourist」（觀光客）和西班牙加利西亞文「peregrino」（朝聖者）的新創字，意即「觀光朝聖者」。我認為是個明顯帶有貶義的名詞，企圖將薩里亞出發的人歸類為資格不符的朝聖者，甚至動用耶穌的名號鞏固這份優越感，卻掩飾不了對非我同類的輕視和嘲諷。如果以參加全馬賽跑為例，跑道全長四十二公里，從薩里亞出發，相當於只要跑六公里就能衝線，也能在終點拿到一樣的獎牌。難怪有些人會如此不以為然，或者感到冒犯、背叛。但走路畢竟不是比賽，尤其在以聖徒為名的聖雅各之路。

看得出來有人不大認同這句話，試圖用另一隻黑色簽字筆將它塗抹掩蓋，但是黑色的筆觸太細太淺，反而更凸顯藍色墨水的存在，才會讓人在一個風景優美如畫的地方，看見如此刺眼的宣示。這句話如芒刺在背，打亂我原本一路快樂吃喝到終點的如意算盤，從第一天就開啟內在無限輪迴的自我對話，像一位在擂台上辯論的哲學家，爭得臉紅耳赤，卻又無法乾脆地出拳擊潰對手，因為對手就是自己。

「真希望從來沒看到這句話。」我語帶懊惱，向呆呆抱怨。但事後回想，這也許是在朝聖之路所遇見最美好的插曲，是上天丟給我的試煉和禮物。

聖雅各之路，或稱朝聖之路[*30]，是世界最知名的長距離步道之一。象徵步道的黃色貝殼標誌上有九道光芒，分別代表分布於歐洲各地的九條路線，而無論從何地出發，最後都將匯入

如圓心一般，位於加利西亞省西岸的聖地亞哥大教堂。每年數以萬計的朝聖者、徒步者、旅人，以步行或騎馬、騎單車的方式前往聖地。而朝聖之路發展千年以來，不只帶有濃厚的宗教意義，也漸漸演變為具有觀光、旅行價值的大眾健行路線，無論抱持何種心態、信仰，帶著希望或者悔恨，朝聖之路為每個人開啟，任何人都能從中獲取所需。全程約八百公里的「法國之路」*31因沿途補給方便、交通指引清楚而成最熱門的路線，從法國境內經庇里牛斯山出發，沿著西班牙北部的鄉間小徑一路向西，一般費時約三十天左右可以完成。

名列世界文化遺產的朝聖之路也是一條「贖罪之路」，只要走到終點領取核定的證書，在人世間累積的罪孽即能免除一半。不過，官方也很明確地表示不需要挑戰全程，僅僅走完

---

30 西班牙語「camino」是「道路」的意思，所以「Camino de Santiago」的原意是「到聖地亞哥的路徑」，路上被常簡稱為「Camino」。而所謂「聖地亞哥」即為朝聖之路終點「聖地亞哥—德孔波斯特拉」（Santiago de Compostela，意思是「繁星原野的聖地亞哥」）的簡稱和尊稱，該城市是西班牙加利西亞自治區的首府，市中心的聖地亞哥—德孔波斯特拉主教座堂就是朝聖之路官方定義的終點。

31 法國之路（Camino Francés）的起點在聖讓皮耶德波爾（Saint-Jean-Pied-de-Port，簡稱 SJPP），位於西班牙的北方邊境，也稱法蘭西之路，從中世紀以來就是最受歡迎的路線。

路線的最後一百公里，同樣能減去半生的罪孽。對於沒那麼多假期，或者自身體能無法負荷那麼長時間、長距離行走的人來說，位在距離終點約一一五公里，且交通接駁方便的薩里亞小鎮，便成為許多人設定出發的起點，這因此發展出當地特有的步道文化，帶動一整個旅遊產業的服務鏈*32。據統計，二〇一七年有三十萬人次朝聖者徒步抵達聖地亞哥，對比一九八五年的六百九十人，這樣的數字成長相當驚人。

觀光化趨勢讓步道更平易近人，越接近終點的難度就越低，尤其是最後一百公里，平均耗費五到七天便可完成，路上有足夠的食物補給和旅店、庇護所，也有行李接駁的便利服務，每天早上由專人開車將背包或行李箱送到下一間旅館，因此常見一身輕裝只帶水瓶和小背包的人，像在散步一樣，悠遊穿梭於鄉間小徑。而這正是我和呆呆選擇的徒步方式，所謂的「觀光朝聖者」。

大幅降低挑戰難度後，任何人都有機會走到聖地亞哥，取得官方核發的證書和贖罪的門票。記得第一天剛出發就遇見一對來自澳洲的姊妹，推著一輛嬰兒車，裡面坐了一位表情厭世的男童，打算用一般人的兩倍時間從薩里亞走到終點，令人佩服，但佩服的不是肯花兩倍時間的耐性，而是願意帶著小小孩上路；也曾在步道上看過一整團豪華馬隊，每天的休息時間都很長，距離卻能推進得更遠，連影子都看不到，只留下沿路的馬糞青臭味。但所有邂逅的人群裡，印象最深刻的是一位來自美國的白髮阿姨，她隸屬一團退休教師組成的隊伍，身上有媽媽的氣息，一副擅長家庭烘焙的主婦模樣，時常在路上相會，偶爾會打聲招呼。再次見到她的時候，場景在一處青翠的林道，涼涼的微風將街頭藝人演奏的風笛聲傳進耳朵，我看見阿姨隨著音樂起舞，她原地轉圈、踱步，陶醉、喜悅的模樣宛如重獲新生，讓原本因路途單調而略顯沉悶的心情也跟著飛揚起來。但下一刻卻發現她哭紅了雙眼，像是突然想起什麼似的一陣悲從中來，急遽的轉變讓人措手不及。

「妳還好嗎？」我輕聲問道，她斗大的淚水從泛紅的眼眶裡不斷冒出，一臉漲紅，眼看就要泣不成聲了，而她的隊友一個都不在身邊，擔心她有什麼心事或委屈，趕忙走近關心。

「我沒事，」阿姨的臉頰泛紅，露出難為情的微笑，她說：「只是打從心裡感到一股喜悅罷了……」聽到這個回應讓我和呆呆都鬆了一口氣，問她上路第幾天了？她說第四天，和我們一樣。我被她滿溢的情緒感染，但不打算勸退她的眼淚，於是紅著眼眶對她說：「好好

---

32 可透過臺灣飛達旅遊與當地旅遊業者銜接，只要自行出發到薩里亞即可。服務包含七天旅店住宿、行李接駁、朝聖者護照辦理，以及往返菲斯特拉和穆希亞的單日來回行程。每天步行距離平均二十公里，步行時間三至六小時不等。

DISJOVI
o panadeiro

享受這一刻吧！」接著主動過去給她一個大大的擁抱。

我想起早上在庇護所認識的韓國室友，一個人從薩里亞出發，預計用短短四天時間走到終點。因為沒有豐富的健行經驗，加上每天要趕的里程很多，第二天沮喪到差點把背包丟掉。「我以為很簡單的。」沉默了幾秒後，他苦笑說：「我覺得好寂寞。」我突然覺得好像也欠他一個擁抱。

「謝謝你們為我停留。」阿姨眼尾下垂，眼珠子轉呀轉，臉上露出燦爛的微笑。我也回報一個微笑，說聲一路順風，Buen Camino[*33]，然後頭也不回地離開。阿姨真摯、純粹的感動太甜美了，反而讓人嘗到一股苦澀，從蛋殼上看似完美無瑕的裂縫中滲出。她輕裝的姿態，背包上亮麗白皙的貝殼，還有一身棉質服飾的休閒打扮，無一不入「真正朝聖者」眼中的「觀光朝聖者」，屬於「不合格」的範圍。然而這又代表了什麼意義？她的眼淚是假的嗎？她浸淫的喜悅是虛構的嗎？「耶穌並非從薩里亞出發」這句話再一次像重複敲擊的低音鍵，反覆撥弄著思緒，挑釁意味十足地向我宣戰。沒錯，耶穌並非從薩里亞出發，但很明顯地祂也從未踏上朝聖之路，不管是從耶路薩冷或任何一處。然而那句話卻像刻在石板的戒律，被某個人信奉不已。

在某些朝聖者眼中看來，行走距離是一種階級式的象徵，正如在某些登山者眼裡，攀登的高度是一枚勳章，必須透過身體的磨難掙得，如同世界上幾個宗教最崇高的奉獻，得用最單薄脆弱的肉體去彰顯神聖。也正因為走路帶有苦難和謙卑的成分，能夠抗衡體制，與現實暫時劃清界線——換言之，進入做夢的空間。因此非以雙腳完成不可的活動，總讓人陷入一種英雄式的自戀和自滿，形成一種類似會員制的非固定組織，掌握權力的人們圍成一個圈圈，擁有自己的語言與程序，並將群體畫分你我。乍看之下，如何獲得對等的話語權，關鍵似乎在於能否站上一樣的高度、走過相同的距離。但真相並非如此，我們始終是另一個人眼中的觀光客。退一步來說，爬得更高、走得更遠沒有對錯，但如果心態無法改變，永遠得把力氣浪費在虛無的競爭。

虛榮是撒旦最愛的原罪。毫不諱言，我曾多次質疑自己是否真的需要向誰喊話，或者向誰證明價值，也曾執著於要拿到進入小圈圈的鑰匙。還好，關於合格不合格，真與假的辯證，在走完 PCT 後已告一段落，我將它擱置歸檔，收在某個地方。可是那道藍色簽字筆的塗鴉出現了，像電影《2001 太空漫遊》（*2001: A Space Odyssey*）裡橫空出世的黑色石碑，無法

---

33 「Buen」是西班牙文「好」的意思，和「Camino」合併起來便有「一路順風」之意，是步道上普遍常用的問候語。

忽視它的存在。而更讓人難以接受的是它喚起了自己的懦弱，萌生與人一較高下的心態。陷入曾經逃離的陷阱，讓我感覺到一股如胃痛般的厭惡在肚裡翻滾。

回想前些日子，某天和呆呆上山，那是一條簡單的健行步道，海拔不高，用一般的速度上山大概三個小時就能登頂。日常的繁忙讓腳步有點生疏，但是當大腿肌肉傳來一陣收縮的緊迫感，斗大的汗珠從前額流下，一陣涼風把落葉吹到小徑上的時候，那一股回歸自然的舒暢快感，很快就讓我們進入狀況。只是剛通過登山口不久，步行不過兩公里而已，呆呆的腳跟因為穿新鞋的關係產生摩擦，兩顆紅腫的水泡立刻出現，三番兩次停下休息、調整鞋墊、貼上膠布，也無法抑制陣陣的痛楚。呆呆決定放棄，她請我繼續上山，打算一個人回車上休息。可是我並沒有多想什麼，當下也決定立刻回頭。我突然意識到，在大自然面前沒有非得完成的選項，前進、後退皆處之泰然。我才明白，真正的自由與他人無關。

你們不要論斷人，就不被論斷；你們不要定人的罪，就不被定罪；你們要饒恕人，就必蒙饒恕。（路加福音 6:37）

因此，也許關鍵不在拿到話語權，而是停止、閉嘴，不向誰說話。如果溝通的對象只有自己，那就無須評斷任何人，也不必被任何人評斷。要做到這一點需要練習，而練習的場域就在各種形式的道路，我有預感這會是一場永恆的拉鋸，但想通之後便豁然開朗。

杯子裡的可樂已經喝完，我起身收拾背包，整裝後踏出綠色小屋。一名陌生年輕女子拉著我的手，熱情地要我和呆呆留下來喝一杯酒，但從對方死纏爛打的程度來看，要喝的數量可能不只一杯，而是不醉不歸到爛泥的程度。她或許誤以為我是某某，一個在路上曾見過的朋友，因為看得出來她在盛情邀約後，臉上閃過一絲不妙的尷尬，但這反而讓她決定將錯就錯，把這場荒謬的戲碼加演到底。而我越是拒絕，她的請求就更加熱烈，一來一回，一來一回，我因而感到厭倦，顧不得紳士禮節，像逃難似的離開綠色小屋的前廊。「真正的走路是遠離歡呼喝采。」*34 我決定遠離喧嘩，與自己同行。

翌日，我以凱旋歸來的姿態步入聖城，神清氣爽，煩惱皆已拋到九霄雲外。縱使天空下起旅程六天以來的第一場雨，也無損抵達繁星之地的喜悅。

西元八一三年，也是當時的七月，聖人聖雅各消失幾百年的遺體，在一道明亮的星光指引後，被一名牧羊人在此地發現。當時的主教將消息通報給國王阿方索二世，爾後這位一國之君特地徒步數百公里，來到這位聖徒的墓地前禱告。從此以後，被稱為「繁星之地」的聖地亞哥德—孔波斯特拉成為宗教聖地，千年以來吸引各地絡繹不絕的朝聖者。隨後教堂便修建在墓地之上，但是西元九九七年時被摩爾人摧毀，直到一〇七五年才重建，一二一一年竣工，一九八五年編列為世界文化遺產。

很多朝聖者走到教堂前的廣場隨性坐下，不發一語地仰望雄偉的尖塔，和身旁熱烈慶祝的旅人或遊客形成對比。我試圖揣摩他們的心情，走過漫漫長路的深刻旅程，滿腦子思緒在這邊能獲得沉澱嗎？喧囂的人潮讓人無法思考，我感到一股熟悉的惆悵，那是遠行者即使觸碰終點也無法讓心停止擺盪的漂泊與孤獨。隨後下起一陣暴雨，所有人扛起全身的家當，倉皇離開廣場。

於是有些人拾起背包，繼續走到距離教堂一百公里遠，位在西部的海岸線名為菲斯特拉（Fisterra）的小鎮。那裡在過去被認為是歐陸的終點，大西洋的起點，因此被稱為「世界盡頭」，古代人相信那是生者與死者最靠近彼此的魔幻之地。海角上的燈塔邊有塊礁石，上頭鑲了一只銅鞋，許多人會在這邊丟棄、燒毀身上的衣物和鞋子，象徵屏棄過去，有迎向新的未來之意[*35]。我看見一位年邁的朝聖者在此地休息，手持空白筆記本想要寫真眼前的場景。那

34 語出斐德列克・葛霍（Frédéric Gros）著作《走路，也是一種哲學》（*A Philosophy of Walking*）。

是一片海而已，構圖再簡單不過了，但是白髮的老先生遲遲無法下筆。步道旁一位街頭藝人，正以木吉他彈奏齊柏林飛船的〈通往天堂的階梯〉（Stairway to Heaven），背景是寂寥的大海，光是聽到前奏就讓人心碎。

菲斯特拉北邊一點的穆希亞（Muxía）也具有相同意義。穆希亞是一座面對大西洋的孤立岬角，人群更少更安靜，更接近旅人心境預期的天涯海角，而且和菲斯特拉一樣設有一座標示「Km 0,000」的里程碑。對許多人來說，這兩個天高地闊之處才是終點。背後是整個歐洲大陸，眼前是一大片無邊無際的海洋，沒有路可以走了，心裡那塊石頭、那份牽掛、那個必須再多做一點什麼的癮頭，才能統統放下。在人來人往的聖地亞哥大教堂，那股無以名狀的惆悵終能獲得釋放。忘了是在哪看到的一段字，還是我在心裡隱隱浮現的聲音：「面對海洋哭泣，就不會有人看見眼淚了。」

在離開西班牙的飛機上，我和隔壁的乘客聊天。他是瑞士人，神情堅毅，約莫五十歲年紀，英文非常流利，幾乎沒有德語腔調，知道彼此都剛結束聖雅各之路的旅程，所以在狹窄

35 現已禁止焚燒任何物品。

的座位上簡單寒暄。說沒幾話句後，他就自顧自地整理手上的小冊子。那看起來不像小說，也不是筆記，頁面畫滿重點也貼了很多標籤。我有點納悶這位寡言中年男子的來歷。飛機要落地時，他收拾好桌面上的雜物，趁著空檔我們又開始聊天。原來他是一位在紐約教書的經濟學教授，那本小冊子是他上課的教材。最令人印象深刻的是，他剛剛結束的朝聖之路，是他連續十四年來，每年一次的徒步假期。

「十四次？你走了十四次？認真的？」我驚訝極了。

「沒錯，十四次。」他刻意削弱臉上顯露的自豪，接續說道：「自從第一次走過朝聖之路後，我就上癮了。往後每年都會安排一段時間飛到西班牙，有時候走全程，有時候只走部分。我了解每一座小鎮，每一間餐廳，甚至教堂裡的神父或庇護所的主人，都是我的朋友。走朝聖之路對我來說就像回家一樣。」

我能理解徒步上癮的感覺，但無論如何走十四次朝聖之路這數字還是非常驚人。我以手上的紅酒敬他，他也回敬。

「我覺得步道上的紅酒好喝多了。」我說。

「沒錯，我也這樣覺得。」他表示同感，停頓了一會兒，爾後開口：「但下次我會選擇跳過最後一百公里，太吵鬧了，和前面的路段天差地遠。」

「你知道朝聖之路跟一般步道最大的差異是什麼嗎？」我決定無視關於薩里亞的辯論，

於是開啟另一個話題。男子沒有說話，他的表情示意我繼續發表看法。

「你有發現嗎？世界上幾乎每一條步道的起點都是零公里，里程碑上的數字會隨著距離累加。但是朝聖之路相反，無論你從哪邊出發，里程數會隨著距離遞減，最後，每個人都會走到標示零公里的終點。」我盡力用簡單的英文說明。

他一臉恍然大悟的嚴肅表情怔了幾秒「你說得沒錯。」他喃喃說道，然後若有所思地沉默了一陣子。飛機落地法蘭克福機場，他要轉機到蘇黎世探望家人，還拎了一份朝聖者蛋糕要給媽媽吃。我們在此道別，彼此握手並祝福一路順風。

我將它解讀為「歸零」，讓旅人走到名為終點，實際上卻是另一個起點之後，能夠重新開始。回家，或是到下一個地方。總之，人需要畫下句點後，才能心無旁騖地繼續下一段旅程。經過幾次的長距離徒步，漸漸明白徒步旅行的價值並非獲得，而是放下、接受、拋棄、遺忘。

12

從零開始

你家就是登山口——

從前我浪跡四方，
東奔西走，漫無目的，
路啊，我厭煩過你。
而今，你引導著我
走遍天涯海角，
我與你已結為愛的一體了。

——泰戈爾《漂鳥集》

甫結束歐洲的旅行，從陰冷的蘇格蘭返回臺灣，北風尚未到訪，家鄉的土地依然和出發時一樣熱得發燙。時差讓人昏昏欲睡，但清楚記得在一場講座結束後的問答時間，前排有位讀者提出問題，讓平時總能侃侃而談的我一時語塞。他問道：「如果你的人生只剩下最後一條步道可以走，你會選擇哪一條路線？」

這真是個複雜的好問題。停頓幾秒後，在還沒想到如何回答之前，我的嘴巴像是有了自己的主張，對著臺下的聽眾幽幽答道：「我想走路回家。」

大家都笑了，可能以為會是難度更高、更遠的路線吧，沒有料到答案竟如此平凡。我承諾有更好的答案會在網路上補充，卻發現當下不假思索脫口而出的心聲，才是最接近意識反射的回音。回到臺中的住所，重新思考了一遍，發現如果要解釋得更明確一點，所謂「走路回家」並不是真的走回家門口，而是循著鹿港老家附近一條極為普通的重劃路，在阡陌間通往西濱堤防的簡單路線。

從老家門口出發到海邊，距離不過五公里，那裡可以看天、看海，看退潮後溼地上的螃蟹和蚵田。但最愛的風景還是落日的餘暉，曾經用整整一年時間記錄每天的夕陽，有時候天空綻放絢麗的紫色霞光，預告颱風的來訪；有時候烏雲罩頂，只剩下黑色的海和黑色的雲中間有道金黃色的腰帶。清楚記得有天走到堤防，發現天空和大海異常平靜，沒有雲朵也沒有波浪，漲潮後的水面如鏡，彷彿海風決定在那天休息，而西岸混濁停滯的空氣，將陽光平均分攤在視線所及的每一處，也同時反射在粼粼的水面上，海天一色，是生平所見最耀眼、最溫煦的光和熱，有如孕育、容納世間萬物的母體。

四季更迭，日光殘照的時間有消有長，出現在地平線的方位也略有不同，漸漸地，在那道海岸線我明白一個簡單的道理，如果能夠用身體感官察覺時間的推移，就是所謂的「生活」，而不是透過行事曆、打卡鐘或任一個截止日期，讓人在夜幕低垂後死盯著電子螢幕，打發剩餘的光陰。

在《步知道》書裡的前言有提到這個地點，其實就是我開始想要探索這個世界的啓蒙點，往後的日子仍不斷回到那個充滿腥臭味的老地方，可以說是一塊被緊綁在心裡的私人秘境。

> **還在念小學的時候，我跨上一部破爛的單車，想從家門口出發騎到附近的堤防看海，沒有人知道我那幼小的心靈正在進行一場無與倫比的冒險，而我也沒有意識到自己正在從事什麼樣的行為，我只是想知道「那邊」有什麼？而我想用自己的力量移動到路的盡頭，看看海岸的風景，這樣就夠了。……當時那幅景象簡直像地震一樣，在心裡激起的波瀾，也許就是這道漣漪的起點。**

既然答案說出口了，我開始想像這條路線的起點會在哪裡？該從哪兒回家？搜尋記憶中每一個曾經駐足的地方，始終找不出具代表性和意義的出發點。爾後日子過得忙碌，想法擱在心裡遲遲沒有付諸行動，並也隨著時間過去而漸漸淡忘。

再度想起這個計畫時，記憶已經將它澆鑄成另一種模樣，我分不清起點與終點的差異，於是在某個白天……不，應該是晚上。等等，還是剛睡醒的清晨呢？記不得了。**不如就從鹿港的海岸線走到玉山吧**。感覺很怪異，這句話好像是從耳朵聽見的，但聲音來源卻在心裡。若要將過程具象化，可以說當時彷彿有好幾條圍繞在身邊的無形線索，我像抽絲剝繭一般，從空氣中用食指和姆指補捉一條電流放進腦袋，綜合過去的想法、經驗和對路徑的詮釋，經過大腦快速計算得出最佳方案……總之，腦中突然迸出一條明確的路徑，在迷霧般的地圖上清楚畫出一條紅線。

我愛山，家鄉在海。玉山主峰是我登山運動萌芽的地方，在懵懂無知的狀態下完成第一座百岳；西濱海岸則是向戶外探索的啟蒙點，所謂第一道漣漪產生的境地。從起點走到起點，像一個起承轉合的圓圈，應驗哲人所言，人終究要回到命運安排的道路。我恍然大悟，理解一直以來想說的話、想傳遞的訊息，始終不必經過我的口語、文字和影像，而是雙腳。

雙腳移動是由無數精細微小的動作組成，身體以極快的反應時間，在姿勢失去平衡後迅速恢復穩定。簡單、直接，沒有任何意識的牽引，趨近本能。換句話說，走路是一連串跌倒又馬上站起的肢體律動。這項工作無法讓人代勞，是真實、堅固的運作原理，能夠感受確切的物理重量與質地。尼采認為「靜坐不動是違反心智的罪孽」，於是他走路、思考，走路、思考，直到規律的身體運轉讓兩者合而為一。

但規律並非一成不變，規律是在平穩推移的日常生活中，以合乎邏輯的直覺行事。反覆

造型
150
含洗250
造
設
Fried Chicken
GaBi
八卦山
Bagua Mountain
大肚
Dadu
花壇
Huatan
快速公路
EXPRESSWAY
民生路
Minsheng Rd.
牙醫診所
ASN-6169

施行的作息反而能讓思緒獲得解放，並藉由單調的機械式運作，產出一股維持身體內在平衡的力量。走路像重複敲擊琴鍵的單音，也像不斷轉圈的迴旋舞者（Sufi Whirling），只要義無反顧地跟著聆聽或吟唱，時間一到，大腦深處某個開關便會自動開啟（或是自動關閉？）。無怪乎尼采認為走路能幫助思考，但同時我也相信，走路實際是停止大腦某部分的思考，以便讓身體的本能意識代勞後，獲得冥想式的休息。

走過 PCT 後，那些經驗的累積，並沒有讓往後的徒步旅行變得比較輕鬆，我們一樣會疲倦、關節會疼痛，甚至氣喘吁吁地抱怨路太長太遠。但那條四千公里的步道終究在身心留下深刻的痕跡，開闊了視野，也驅使我們持續往四面八方探索走路的本質：路在哪裡？通往何處？人類用雙腳走出荒野中的小徑，接著小徑成了道路，道路再演化為四通八達的交通網絡。有趣的是，這些道路又反過來為人類創造難以計數的記憶，乘載歷史的同時也通往無限的未來，不只跨越藩籬，也以各種形式重返人類的心靈。如今，一條鮮明的路徑在我眼前展開，從海岸走到山巔，它會通往何處，又將帶我給什麼樣的記憶？

我懷抱興奮的心情，計畫從鹿港海岸線盡可能接近海拔零的地方出發，沿一三九縣道上八卦山山脈下南投，續通集集、水里，接著循臺二十一線走到塔塔加鞍部，然後進入山徑，一步一步走到玉山主峰。起終點的高度落差就是主峰的高度（三九五二公尺），總距離約一百六十公里，路線跨越彰化、南投和嘉義三縣，順利的話，出發後會在七天內登頂。

計畫延了又延，最後在走過歸零的聖雅各之路後，終於下定決心於入秋後走這條「從零開始」的道路。但前提是必須通過玉山國家公園的入園申請，通常這也是最棘手的條件，要是沒有抽到排雲山莊的床位，籌備以久的計畫只能再度停擺*36。

「你知道嗎？我們或許已經完成這條路線最艱困的部分了。」出發前一個月，我在收到玉管處的郵件通知後，興奮地向呆呆報告好消息。

「什麼？」她仍一臉狐疑。

「我收到中籤通知了。」

一三九縣道

一早由父親開車載到西濱公路旁的海堤，下車後環顧四週，天空灰濛濛，像曝光的過期底片，成像後再套上一層最淒慘的淡藍色濾鏡。大海像濃稠的水銀，癱軟在黑色的沙洲上，水面反射快速公路的倒影，死氣沉沉，了無生機。可憎的霧霾濃度驚人，據氣象預報是嚴重危害健康等級的空氣污染，我看不見對岸工業區常可見到的白色風車。十一月的海岸無風、悶熱難耐，溫度高達攝氏三十四度，戴著口罩讓呼吸變得不大順暢，呼出的熱氣從鼻樑兩邊的縫隙竄出，在眼鏡的鏡片結成一圈霧氣，視線朦朧不清，以致灰色黑色和藍色全混成令人傷心的顏色。

我像是好不容易搭上返鄉列車的遊子，以為睜開雙眼就能見到美麗熟悉的故土，卻在倉惶驚醒後下錯車站，抵達一個全然陌生的地方。眼前和記憶相左的景象與不符時節的燠熱，讓我感到一陣淒涼與落寞。

我們沿著洋仔厝溪往彰化市區的方向緩緩移動，出海口附近沒有人煙，只有魚塭裡的抽水馬達兀自運轉，發出嘩啦嘩啦的水聲。曾聽說這條溪流過去很清澈，在農業時代有魚有蝦，是重要的灌溉水源，但自從工廠進駐，這條大圳承受不住惡意排放的電鍍廢水，加上污水處理設施不足無法消化民生用水，因此在幼時的記憶裡，它總是一條有著惡臭和垃圾的大排水溝。記得有位小學同學偷了腳踏車騎回家後不曉得該怎麼藏起來，所以向大家誇耀「我把整部車丟到水溝了！」當時聽得哈哈大笑，現在只覺得無言以對。

這裡是頂番婆，行政畫分屬鹿港鎮的範圍，但距離鹿港市區還有一段路程，所以小時候

---

36 根據玉山國家公園管處統計，民國一〇七年度總計有 299,236 人申請入住排雲山莊，實際入住人數為 30,613 人，平均中籤率約為 10%。但若扣除二月靜山期，以及前後兩個月在雪季的管制，中籤率實際上會更低一點。熱門登山季節的假日中籤率約 4% 至 6%，常被山友們揶揄「要抽到籤比登玉山還難」。

聽羅大佑唱〈鹿港小鎮〉總覺得莫名，因為歌詞裡提到的媽祖廟明明很遠，沒有想過長大到臺北求學工作後會離得更遠。這裡的街景，並非一般印象中鹿港鎮該有的古樸老屋和建築，差遠了，大多是林立在農地之間的鐵皮小工廠。當其他小鎮的名字被冠上某某水果或農產的故鄉時，頂番婆以水五金工業博得了「水龍頭故鄉」的名號，在佔地六平方公里的彈丸之地，創造新臺幣六百億的年產值。據說全世界有一半以上的水龍頭皆出自這個小地方，值得驕傲，但是左鄰右舍都知道，這裡種出來的稻米最好不要吃進肚子裡。

收割後的農地被放了一把大火，悶燒的稻草揚起濃濃的白煙將高掛的豔陽遮蔽。月底即將舉辦的九合一大選開始發揮威力，排水溝旁插滿了候選人的旗幟，每個人臉上的表情都掛著謙卑、良善，不知道當選後是不是能維持一樣的態度呢？經過一處正在進行的路面工程，想必是所謂的鄉里建設，砂石車來來去去，引擎聲非常嚇人，一位身穿黃色背心的大叔將我攔下攀談，他笑著問我為什麼扛著大背包在街上走路？為了避免花太多時間解釋，我說今天要走到八卦山，還有二十公里的路程。

「那很遠內！」他先是發出一陣驚呼，露出明亮的燦笑，接著說：「少年仔，不錯喔！加油加油！」大叔有紅紅的牙齒和嘴唇，眼尾的皺紋很親切，原本有些陰鬱的心情稍微開朗了一點。如果他打算出來選里長，衝著這真誠的笑容，肯定要投他一票。

離開頂番婆後進入縣道一三九甲線，這是中學時公車和校車行駛的路線，不能再更熟悉了，卻還是頭一遭用雙腳走過。我沿途向呆呆介紹每一個曾留有記憶的地方，這是唸書的母校；這是彰化車站；這家服飾店以前是戲院，以前在這邊看過《報告班長》；這是我最愛吃的黑肉飯，夏天一定要到旁邊的冰果室補一碗紅豆牛奶布丁冰。也向她解釋從小就聽到厭倦的八卦山傳說，像是夜裡出沒的殭屍，或是情侶到山上約會一定會分手的無稽之談。

走過八卦山牌樓，路線正式進入一三九主線，若是喜歡戶外活動的彰化人一定相當熟悉，那是一條景觀優美的公路，橫亙在八卦山山脈，兩旁種滿臺灣欒樹和小葉欖仁樹，也有桐花和少量的櫻花可看，四季都有不同的風貌，可在公路上騎單車、慢跑，也常常有重機車和跑車出沒。但自從高中畢業到外地求學後，有超過十年的時間幾乎將這條公路給遺忘。

三十歲前我還在臺北工作，偶然回彰化時一個人跑到一三九路上的顏氏牧場，一座由舊豬舍和畜牧場改建的複合式空間，有露營場、咖啡廳、一大片草地，還有後院新建成的大穀倉可以舉辦婚禮。我臨時起意向牧場租了一部單車往外騎，路上有微風、樹影和陽光，記憶中沒看過那麼美的彰化，回程時默默望著夕陽，感動之情油然而生，卻也同時對自己家鄉感到陌生而慚愧。三十歲那年終於離開臺北，返鄉的原因之一就是這座牧場，暗自打算，未來有能力也想在家鄉創造一個如此美好的空間，讓人們不再只是路過彰化，而是能在某個地方好好停駐、休息，看看風景。之後在同一年夏天認識了呆呆，隔年結婚，婚禮場地不做他想，堅持選定顏氏牧場的後院。這次的徒步計畫當然也不例外，事前特地商請牧場讓我們打地鋪借宿，要在意義深遠的地方度過第一夜。主人很爽快地答應了，她說沒問題，牧場後院永遠歡迎新人「回娘家」。我默默覺得，也許這條路，從當時與牧場的第一次邂逅後就啟程了。

徒步第二日。攝氏三十七度，天氣依然高溫、無風、潮濕、悶熱，汗水濡濕了上衣和褲頭，我再度懷念起樟之細路淋雨的日子。步出牧場，外頭正是小葉欖仁樹最密集的路段，樹影婆娑、綠意盎然，在蜿蜒的公路上形成一條長長的綠色隧道，而仍未散去的霧霾讓透進的光線變得朦朧迷離，反而誕生一種奇異的美感。路上不斷有呼嘯而過的重機和跑車，尖銳的引擎聲劃破早晨的寧靜，我向幾位單車騎士揮手致意，接受對方回敬狐疑的目光，畢竟在這樣不適宜的天候裡，背著大背包徒步在公路上確實引人納悶。

午後，一三九線進入南投行政範圍後經過許多鳳梨田，但適合種植耐旱熱帶水果的地方可不適合行走。惱人的炎熱依舊，我覺得自己像具過熱的鍋爐，正將體內的最後一滴水燒乾。經過一處老式紅磚屋的聚落，在路上看見一棚謝神的戲臺，以小貨車改裝，塗裝配色鮮豔，主要使用橘色、綠色和黃色等亮色系的螢光漆，布景寫著「趙子龍」三個大字，美學之獨特，讓它在純樸的廟口旁顯得非常突兀。好一陣子沒有看到戲棚子了，好奇走過去觀察後臺，應該是老闆娘模樣的大姊見狀，熱情揮手示意要我們湊近一點，她拿出一只鋁製的大茶壺，在大熱天倒了兩杯燒騰騰還冒著煙的洛神花茶。

「來！這請你們飲，解渴又解熱！」老闆娘說叫她阿美姊就可以了。

「謝謝阿美姊。」接過紅色塑膠杯，洛神花茶的酸甜味竄進舌根，唾液分泌後覺得已不那麼口渴了。

「你看，這隻係武生、這係丑角、彼尊係『都可以』」閒聊幾句後，阿美姊打開後臺鐵製的戲籠，毫無保留地把她認為最棒最美的布袋戲偶一一展示。

戲偶很美，但我卻突然覺得有些心疼，是不是已好一陣子無人聞問這些戲偶了呢？所以阿美姊抓住每一次感到自豪的機會，企圖證明自己選擇的道路仍有行走的價值，然而這些令人驕傲的事物正一點一滴隨時代洪流消逝。

「都可以？什麼是都可以？」我好奇問道。

在旁邊抽煙的老闆見狀湊過來，他說「都可以」的意思就是這尊演什麼都可以，好人壞人都行。他當場秀了一段文戲和武戲，害羞的阿美姊站在後臺，笑瞇瞇地看老闆耍玩一把關刀，或用手指靈巧操弄戲偶的哭笑。老闆姓趙，布景上的「趙子龍」就是他的外號，說自己師承當年最負盛名的布袋戲五大名師，十幾歲就開始學藝，已經在這行業打滾四十幾年了，但是傳統藝術越來越無人聞問，日子也過得越來越清閒。

「師傅，你要是有空可以到山上走走呀。」話一出口，我立刻懊悔自己的天真。

趙老闆語帶無奈答道：「做這途艱苦啦，走袂開，常常一通電話就要全臺灣到處跑。」

他接著露出淺笑：「但是只要宮廟還在，我們就還有一口飯可吃。」

看見趙老闆操偶時意氣風發的樣子，覺得或許自己把阿美姊想錯了。自我認定的價值並不需要他人的肯定，如同徒步到玉山山頂，也是對人生道路價值的自我詮釋與實踐，不需要任何人的贊同或不贊同、理解或不理解。除了呆呆以外，我很高興能有她的陪伴，有時候甚至覺得，她比我自己還要支持自己，徒步到玉山的計畫若沒有她的鼓勵，也許仍會因懶散的態度而持續擱置。回想阿美姊盯著趙師傅的神情，那一臉經過四十年歲月淬煉的恬淡，讓我深深明白大多時刻，只要最重要的人能在身邊就已足夠。

入夜後，一直走到接近八點才抵達南投市。下山時從遠處看見市區的明亮燈火時，雙眼一度感動得失焦。原本以為佔總里程九成五以上的平坦公路，會是這次挑戰中最輕鬆愜意的部分，卻嚴重忽略堅硬的柏油路、曝曬的烈日，會造成體能極大的耗損。流失過多的水分讓身體出現警訊，雙腿的肌肉腫脹地幾乎快要炸裂，腳底板和肩頸痛得要命，是過去徒步從沒經歷的磨難，完全超乎想像，讓人吃足苦頭。走進民宿，立刻癱躺在床上，開始懷疑自己能不能繼續支撐下去。

肌肉緊繃的痛苦持續到第三天，呆呆的水泡從一個增加為兩個，我的心情因此有些低落。雖然氣溫明顯涼爽許多，沒有曝曬的陽光，甚至偶有徐徐微風，但這天的里程比前兩天更長，我可以感覺到意志力正在動搖，和體力一樣逐漸流失在無盡延伸的公路。在這裡，我看不到玉山，看不到終點，柏油路兩旁仍舊插滿令人厭煩的選舉旗幟，無所不在。

午後走過中寮，到集集必須再翻過一段山路，我不斷在心裡計算行進速度和剩餘距離，默默推估走到水里的時間還有多久。但雙腿的肌肉實在太痛了，希望能在天黑前抵達的時程一次一次延後，兩人陷入沉默，一直走到一三九縣道第五十五公里處的一個彎道，正在路邊務農的莊先生和我們打招呼後我們才猛然回神。

莊先生邀請我們走進他看來有點雜亂無序的果園，但雜亂的說法可能太客氣了，走得再深入一點，甚至只能看見潦倒的草堆和與枝葉。

「不要看我這樣，我其實使用的是有機農法，一個月只來七天，偶爾除草，到現在都還有螢火蟲出現喔！」大概是察覺我臉上的異色，莊先生立刻補充。

螢火蟲？在柏油路旁有螢火蟲？這和我的認知有些出入，身為重要生態指標的螢火蟲只會生長在優質生態環境，沒想到——恕我直言——竟也能在這毫不起眼的地方出沒。

「來！我請你們吃芭樂，沒噴藥的！」莊先生領著我倆走進果園。

接過芭樂，把外面的塑膠袋撥開，直接咬下去，那個口感跟香氣，還有甜味，的確和往常吃的不一樣，特別是在這種走到心智呈現半死活的狀態，真心覺得這是此生吃過最好吃的芭樂，我不由得想起 PCT 那一夜，在優勝美地吃到的紅蘋果。

莊先生的本業是室內裝潢，興趣是軟網球和生態農法，也是石虎保育組織的成員，是一位關注動保和土地議題的善良大叔。他穿著方便務農的雨鞋，身上的衣服破舊還沾滿泥土，隨興坐在草地上，頭上戴著一大頂斗笠，和他瘦小的身材不成比例。和體面或強大的人比較起來，這樣看來平凡卻深藏不露的小人物往往更令我佩服，他能理解大自然的秩序與規則，也懂得過生活的樂趣，透過學習與經驗的累積，發展一套個人與萬物相處的法則。具有這種特質的人，都和莊先生一樣，身上會自然散發一股溫暖的氣息。

「朋友問我，為什麼同一個工作可以做三十年不膩？我說，因為我有自己的興趣呀！我的生活不是只有工作而已。」他笑了笑：「像你們這樣出來走路很不錯啦，趁年輕，還能做的就去做。」

在果園裡又蹓躂了一會兒，我從莊先生手中再接過兩顆芭樂當行動糧，道別後轉身離開中寮，在傍晚時分進入集集小鎮。這時身體已經疲憊不堪了，然而到水里還有八公里要走，不算遠，但這距離在此刻像一道無法跨越的高牆，只能站在底下仰嘆。意志力逐漸鬆動，灰色、消極的念頭如烏雲湧上，我甚至開始考慮放棄，如果雙腳的疼痛再不解決，打算走到水里就搭車回家，提早結束挑戰。

從一三九縣道切換至臺十六線省道的時候，天色已經全暗，走在沒有太多路燈照明的繁忙公路，往來砂石場呼嘯而過的大卡車，以極近的距離從後方快速通過，輪胎摩擦路面和強烈風切造成的噪音，伴隨引擎排放的廢氣臭味，讓它們像一頭頭嘶吼張狂的野獸，肆無忌憚地在馬路上奔馳。我們常常被嚇出一身冷汗，於是決定走到對面與車流逆向，然後將頭燈戴上，希望能避免意外發生。然而這也並非平息恐懼的最佳方案，因為公路兩側並沒有規畫人行道的空間，或者說，這本來就不是適合步行的路線，所以走在狹窄的路肩時，對向不斷疾駛而過的車輛，像是眼睛會發出強光的巨大黑影，隨時準備擊潰我們脆弱的肉體，然而在肉體遭受摧毀之前，因疲倦而柔軟的心志，早已被恫嚇得發出陣陣顫抖。

如果連人類都無法承受這惡夢般的驚恐，那居住在周圍的動物們又該如何自處呢？臺灣每年有數萬隻遭到路殺的動物，而在近山的郊區，道路的開發導致棲地的破碎，夜行動物如白鼻心、鼬獾、穿山甲和石虎，更時常葬身在視線不清的漆黑公路。對比坐在隔音良好又舒適的車內空間，徒步在夜裡危機四伏的省道上，簡直是一場用感官直接承受恐懼的震撼教育，不需要費心揣摩，便能對無助的野生動物感同身受。

現代公路的設計思維，大多是為了配合高速行駛的汽車，要創造最高的使用效率，也要將用路人的安全風險降低，道路必須盡量厚實、平坦、筆直，這讓公路變成專為人類打造，或者說，是一個汽車駕駛專屬的連續空間，勢必得排擠原生動物和植物的生存環境。為了發展與建設，這並非絕對的惡，然而過去卻很少有機會省思，在驅車前往登山口，試著去親近大自然，並努力實踐無痕山林的同時，通往山林的道路與周圍環境也正不斷遭受破壞。

連日以來，沿途走過的公路常可見到大量的垃圾，堆積在每一處角落，一次又一次衝擊著我們對故土的認知，赤裸裸地將醜陋和自私攤在眼前，若不是親自用雙腳走過一遭，很難感受那一股源自深淵的無力。對待山野和文明不應該有兩套標準，在山上輕量、減量，回到城市裡卻故態復萌，大肆揮霍資源，這怎麼想都不大對勁。文明其實也是荒野的產物，應該受到同等的珍重與愛護。

持續忍受迎面而來的強光與噪音，沉重的壓迫感令人窒息，我們不發一語，埋頭苦行，同時也感受到身體的精力正一點一滴流失。正當我因一時腿軟而得攙扶護欄時，身後傳來一聲熟悉的前奏，回頭發現呆呆悄悄從手機播放皇后合唱團的〈Don't Stop Me Now〉，那是我們婚禮的入場曲，具有特殊的意義。我暫時停下腳步給了呆呆一個微笑，心裡完全明白她這舉動與選曲的用意。夜行時用手機播放振奮的音樂，是徒步 PCT 時在天黑後我會為呆呆做的事情，那時候最常播放大衛鮑伊的〈Starman〉，當微微樂聲在萬籟俱寂的黑夜中響起，原本令人不耐的幽暗山徑往往也不那麼令人懼怕了。呆呆這神來一筆的出招果然奏效，瞬時讓我從低迷的情緒中清醒，我們停下來調整節奏重新出發，最後比預定時間晚了幾個小時才抵達水里，結束當天折騰不已的路程。

臺二十一線

打開事先寄到水里民宿的補給箱，裡頭放了旅程下半段要使用的裝備和服飾，多了帳篷、睡袋和更厚的保暖衣物，以及一雙已穿過兩年而變得非常合腳的鞋子。我將原本鞋底稍軟的野跑鞋換掉，改穿大底更硬的舊鞋，稍微走了幾步，發覺雖然背包重量增加許多，但鞋底支撐足底的效果非常顯著，而且原本讓人痛苦難耐的肌肉疼痛竟然神奇地消失了。

不久，從水里鎮內的臺十六線銜接至臺二十一線，總算走到位於岔路口的新高登山口紀念碑*[37]。那是日治時期的玉山登山口，設立於一九三七年，但隨著時代變遷和公路的重劃，比人還高的灰黑色石碑漸漸隱身在民宅一旁的角落，稍不注意就會錯過它毫不醒目的身影。在那個年代想要攀登玉山，除了阿里山以外，登山者都必須以水里當作起點，從鎮上搭車走郡大林道到觀高後才能登上臺灣的最高峰。和現今從塔塔加鞍部起登相比，舊路線得多耗費兩天的時間。我開啟手機裡的地圖和計畫表，簡單算了一下，若包含水里出發當天，光走到塔塔加就需要整整三天，比走舊路線還要費時。

---

37 「新高山」是日本人給玉山取的舊名，因為海拔三九五二公尺的玉山，高度比日本本土最高峰的富士山（海拔三七七六公尺）還高，因此有「新高山」之稱。

真的很遠，但並非無法觸及的「遠」。換穿的鞋子將疲倦感出現的時間往後延長很多，我的腳步越來越輕，原本消沉的意志也因此重新振作，對往後幾天海拔爬升較多的路段開始恢復信心。過去也曾在旅途中更換裝備，卻都沒有像這次一樣，用身體直接感受到如此明顯的差異。同樣一雙野跑鞋，明明在樟之細路的時候表現良好，卻在路況相近的條件下讓人吃足苦頭。為什麼？我試著用科學角度解析各項變數，像是氣溫、背負重量或體能的衰退，想要釐清真正的原因。但事後回想，其實根本不需要追根究底，因為身體無法被理性看待，它不是工整精準的機械，而是活生生的有機體，會耗損、會疲乏，甚至毫無來由地耍起脾氣。

一顆背包，一雙鞋子，一件外套，製造商用量化數據標示物件的防水係數、透濕度、保暖度、重量、尺寸、容量，同時畫分等級、用途、性別，整體設計也大致朝向更輕、更簡便，更方便使用與攜帶。但這並無法反映，褪去科技纖維的包覆後，人類生存條件極低的事實。使用工具的能力和求生能力無法畫上等號，若是一味相信裝備而非取得使用裝備的知識，很容易跌落大自然設置的陷阱，印證梭羅所說的警世預言：「人類成了自己所造工具的工具。」

「請問老師使用最久的裝備是什麼？」回想在山上的某次對話，我在一片竹林裡隨口問道在身後徐徐前進的伍元和老師。他擔任那一次行程的領隊，時常一派輕鬆地將登山杖橫擺在後腰窩，用兩隻手腕輕輕扣住，像在公園散步一樣用穩定的節奏前進。聽到我的問題，他不加思索，面帶微笑緩緩說出四個字：「這副身體。」

我低頭凝視被鞋子包覆的雙腳，以第三人稱視角檢視它的行走，腳下的臺二十一線公路像輸送帶一樣流暢運轉——多麼神奇的運作方式啊——我暗自讚嘆。身體是直覺的學習途徑，是個體建構世界觀的第一個媒介。透過觸摸、舔拭、碰撞所獲得的大量資訊會附著在皮膚，接著滲入肌肉、骨骼、血液和神經，成為永久的感官記憶，那是官方數據無法傳遞的本體感受。我始終認為妥善使用裝備的腦袋，絕對比妥善的裝備更適合在荒野生存，如今又再度親身應驗，若是想要在大自然來去自如，身體才是最後一道防線。

隨著高度增加，氣溫也越來越涼爽，下午三點半太陽便退身到山脊之後，天空染成讓人微笑的淡粉色。隨公路沿著陳有蘭溪切割的溪谷往南，通過信義鄉後，在新中橫公路的沙里凍橋，一邊走一邊欣賞日落直到天黑。路上往來車流明顯減少許多，前一天夜行的恐懼已忘得一乾二淨，華燈初上，細細的新月高掛，霧靄中仍可見到明亮的星光閃爍，景象讓人看得出神。

這次徒步旅行沿途接觸許多美好的人事物，尤其以緩慢步調重新檢視生活周遭的細節，看見平凡的日常仍一如往常，以穩定的速度應變逐漸失速的世界，內心守舊、老成的那一塊因而獲得許多溫暖的安慰。但也因為行進速度很慢，過去開車快速通過而忽略的角落，其實仍充斥許多讓人失落的地方。過多的垃圾、污染、選舉文宣與粗魯無禮的駕駛……壞的與好的並存在同一塊土地。因爲步行，讓視線被逼得無法移開，必須直接目擊真相，這份惆悵和肌肉堆積的乳酸一樣，遲遲無法代謝。

第五日。清晨從羅娜村的瑪兒屋營地醒來，前一天因為入夜而沒見到的玉山群峰，在雲霧散去後突然自重重山巒的後方現身，主峰、北峰和西峰的輪廓清晰可見，在又深又遠的另一端一字排開。從鹿港海岸出發初始，玉山群峰還無法納入視野的範圍，想像力讓空間的尺度擴大了好幾倍，看似遙遠的距離為軟弱的自己樹立一道高牆。但是在這一刻，群山突破想像的限制，怦然現身在我的面前。玉山峰頂已非遙不可及，最快再過兩天，我們就會用雙腳推進到那一塊方寸之地。

在和社的便利商店是最後一個補給點，往上已沒有稍具規模的商店或雜貨店，所有食物和飲水都得背在身上[*38]，我們花了一點時間採購補給品，只是為了節省重量沒有攜帶鍋具爐具，所以背包裡全都是體積大又重的乾糧，肩膀的負荷頓時增加許多，一度被壓得喘不過氣。

離開和社後我們暫時偏離主線，稍稍截彎取直，改走投九三線出草坪頭回新中橫公路，這樣一來可以省掉幾公里路程，也順便看看沒有拜訪過的桐林社區。兩個小時後，走到桐林國小時已是正午，在校園裡短暫休息後繼續上路，在接回新中橫公路的草坪頭遇見獨自經營果園的賴先生。

賴先生看起來很年輕，大概三十歲上下的年紀，有一種容易親近的氣質，而且因為講話很憨厚，甚至帶點獨特的喜感，第一眼就對他有很好的印象。聊了幾句，知道我們正在徒步，很熱情地邀請我們進去摘幾顆番茄吃。

尾隨在他身後，我悄悄觀察周圍的環境，和莊先生採有機農法的隨性果園相比，賴先生的番茄園完全符合想像中一座果園該有的樣子，有溫室、棚架、紗網和自動灑水裝置，而且他還養了一頭可愛的比特犬，胸口和前腳掌的毛髮是白色，其他部分全是帶有光澤的黑色，圓滾滾的眼珠子直盯著賴先生轉，興奮地跑上跑下像是在懇求什麼獎賞。賴先生說牠叫做黑寶，好可愛的名字，我朝黑寶的方向呼喚牠，但是黑寶不理不睬，專注力全在他的主人身上。忽然，賴先生摘下一顆比拳頭略小的紅蕃茄，隨後往空中一丟，番茄呈拋物線往黑寶的方向飛去，黑寶雙眼注視滯空的番茄，下一秒立刻用嘴巴俐落接住後馬上吃進肚裡，精彩的餵食秀一氣呵成，我和呆呆情不自禁地為黑寶鼓掌。

「來，這兩顆給你。」賴先生挑了兩顆又紅又大的番茄塞到我手上，黑寶則意猶未盡地盯著大家等候下一次獎賞。

---

38 從和社背負的糧食只夠支撐到塔塔加的東埔山莊，進入玉山的行動糧和乾糧事先商請顏氏牧場認識的新朋友沙拉協助補給，特此補充。

我雙手接過重量紮實的番茄，毫不猶豫先咬了一口，酸甜的味道比例恰到好處，很快就吃完一顆尺寸不小的番茄。徒步旅行時面對這樣的好意，我早就學會不要客氣，這是對陌生人慷慨付出的基本禮貌。

「這邊還有幾顆，一起拿走吧。」賴先生持續從藤架摘下番茄，一直摘、一直摘、一直摘……我以為給兩顆就差不多了，他卻像上了癮一樣自顧自地猛摘，完全沒有停手的打算。

「我們真的不需要那麼多，會背不動啦！」我苦笑著，連忙婉拒他的盛情。畢竟身上是全裝備和食物、飲水，已經壓得我腰痠背痛了。

「沒關係啦，你都背那麼多了，不差這一點啦！」憨直可愛的賴先生語畢又摘了幾顆。「來，這些綠的可以放久一點。」他補充。但問題是，我根本沒有時間也不需要等番茄變紅吧。

最後離開果園時，我的背包裡竟然放了十一顆產地直送的牛番茄，又大，又甜美。我想起走樟之細路時，第一天在關西市場和阿婆買的七顆柑橘，不曉得為什麼總是跟水果這麼有緣？番茄真的很重，也真的非常好吃，能在山上補充新鮮水果實在很幸福，只是下次徒步我會考慮避開果園，尤其是種大西瓜的那種農地。

隨著公路在山裡繞來繞去，玉山的身影忽隱忽現，幾度絲毫不見它的蹤跡。隨著高度爬升至一千三百公尺左右，車流越來越少，山也越來越安靜，我看見幾公里外溪谷的小鎮和細長蜿蜒的公路，那真的是我們一路走來的路徑嗎？人類的力量很渺小，但累積起來卻相當可觀，這讓我感到驕傲，但並不是為了自己，而是為擁有這種微小能力的人們而動容。不多久，玉山主峰突破雲層聳立在眼前，山脈的紋理隱約可見，和清晨時見到的模樣已不相同。

「從海岸線走到臺灣最高點」在初時只是一個模糊概念，得用想像力去串聯這條路徑的種種面貌，就像瞎子摸象，沒人知道會觸碰到什麼形狀或翻越什麼風景。而將起點設定在接近海拔零、里程零的位置，照理說接下來每踏出一步都是突破，然而往往是那從「零」到「壹」的距離，最難跨越。但此時此刻，它就在那裡，姿態誘人。

天黑後在伸手不見五指的營地紮營，用完簡單的麵包和乾糧後，我不經意看見忽明忽滅的微光在身邊閃爍，一開始以為是自己眼花，但沒多久便確認那是螢火蟲發出的熒光。我不動聲色地環顧四周，發現竟然已經被成群的意外訪客悄悄包圍，像是有人施了咒語，空氣頓時變得柔軟起來，接著抬頭一望，從樹冠的縫隙間看見沒有光害的無瑕星空。都市真的被拋在身後了，我們接受邀請，正式進入山野的領域。很想多花點時間享受這如幻覺般的光景，但是一股濃濃的睡意襲來，我躺進帳篷，讓深邃的黑夜與安靜包圍自己。

清早，呆呆起床後打開外帳，我睜開惺忪的雙眼，微微起身看見太陽從玉山群峰後方悄悄出現，金黃色的光芒將群山的輪廓勾勒出迷人的線條太刺眼了，我躺回睡墊，盯著搖曳在帳篷頂部的樹影發愣。

「昨晚有動物靠近喔。」呆呆對還在賴床的我描述前一天晚上的光景。有時候很羨慕呆呆的感知能力。過去的野營經驗，曾有幾次聽到帳篷外發出細碎的聲音，有時候是風聲，有時候是四肢輕踩樹葉的聲響，也有聽過從遠處發出低鳴的大型動物。不過大多時候，這些蛛絲馬跡對我來說只是無法解譯的訊號，而呆呆總能具體說出是什麼體型的動物，大型的或迷你的，以試探、觀察，甚至嘗試要接近的姿態在帳篷外騷動。

「而且你睡著之後，我自己在外面看到好多星星噢。」她說。

「星星？」我還沒清醒，只能重複呆呆的語尾。

「嗯，天空有數不盡的點點光芒，像錫箔紙捏成的億萬顆星星掛在一片巨幅黑幕上，我覺得自己好像要掉進去了。」呆呆的形容讓我眼睛發亮，想像那會是一幅多美的畫面。

接下來一整天，玉山主峰屹立昂揚的姿態像是在引誘著我們，一步兩步三步，很累，但走著走著也就越來越靠近。路上從工程人員口中得知，在新中橫公路第一百三十三公里處，因為土石坍方，邊坡有很多落石而正在進行維護工程，很危險，非常不建議徒步通過。所以臨時決定在一三二公里處攔一輛便車，希望能快速通過這個路段。攔車很順利，第一輛車子就讓我們上車。

車主姓張，和太太兩人坐在前座，一開始可能有些戒心所以對話不多，只簡單交代我們的狀況後就陷入沉默。但沉默維持得不久，在車子必須排隊等候單向通車的時候，四個人的話匣子才正式打開。張先生說他的工作是定期巡查新中橫的路況，因為由他經營的營造公司負責維護這條公路，時間已經將近三十年了，每一次天災造成的突發路況都由他們維修、疏通。無論陰晴，幾乎每天都要來回奔波在臺二十一線和臺十八線上。

這機緣實在太過巧妙，竟然走在張先生看護的公路還攔到他的便車，這種戲劇化相遇的機率究竟能有多高呢？我跟呆呆在私下封他為「新中橫的守護者」，默默報以尊敬的眼光。

「要吃點什麼嗎？」張太太拿出一包腰果。

老實說已經盯著那包腰果一陣子了，因為前一天呆呆錯估麵包的分量，所以食物有點匱乏，若不是有賴先生的十一顆番茄救急，恐怕要餓到晚上才能在東埔山莊吃飯。我接過腰果，和呆呆輪流一次一口慢慢吃進肚子，但可能是飢腸轆轆的樣子無法逃過張先生的銳眼，觸及了某個回憶，於是他有感而發說這三十年來看過太多公路上發生的故事，其中一件事情讓他印象非常深刻。二〇〇九年莫拉克颱風造成的八八風災讓新中橫公路嚴重受損，部分路段甚至因此永久放棄修復。張先生在災後開車上山巡視，突然在一三二公里處，看見一個全黑的人出現在圍欄邊。

張先生形容：「他整個人都是黑的，全身上下髒兮兮，衣服黑，身體黑，臉也是黑的！看見他從邊坡爬上車道時不曉得是人是鬼，嚇了我好一大跳！」他說，這位自稱是教授的男子，獨自一人從水里出發，打算要徒步整條新中橫公路走到嘉義，卻於風災期間被困在山區多日，走到一二二公里處時，公路因柔腸寸斷無法通行，他竟然徒手攀爬垂直落差五百公尺的邊坡，爬累了就在原地休息或睡覺，足足爬了三天才抵達我們現處的一三二公里處。問男子困了多久也說不清楚，和張先生拿了一瓶水和一顆粽子，便逕自往嘉義的方向離去。

「那他有安全走完嗎？」我焦急問道。心想，這陌生男子實在太神奇、太瀟灑了，而且理念和我們有些雷同，更加深想知道故事始末的好奇心。

「他成功了！因為幾天後我從嘉義開上新中橫，看見他依然平安走在公路上。」事隔近十年，張先生在描述這個經過時仍一臉不可置信，情緒也依舊激昂。

這是個很有趣的故事，但我最在意的重點，竟然是我們只有腰果而沒有肉粽可吃（抱歉，當時真的很餓）。腰果吃光後，車子也在工程人員的引導下開始移動，我看見公路已全被土石覆蓋，現場塵土飛揚、視線不清，隱約看見在狹小的通道兩旁堆滿了巨大的碎石，看來費了不少力氣才清出一條車道的寬度。氣氛有些緊張，張先生擔心落石打到車子，使勁踩足油門，一陣顛簸後才順利通過交管範圍。車子往前再開了一小段，張先生在路面較寬的地方放我們下車，向他道謝後說了再見。

接下來是往常開車上塔塔加時最喜歡的路段，空氣清新、風景秀麗，和黃昏的光線相襯，組合成一幅讓人心曠神怡的景致，而且以雙腳走過的感受又比開車細緻了好幾個層次。經過夫妻樹後，阿里山山脈在公路右側展開，陽光穿過雲朵的遮蔽，一道道溫暖的光束打在疊翠的山巒。肚子依然很餓，但腳步卻異常輕快，不久後在暮光將至時，終於走到晚上過夜的東埔山莊。到了晚餐時段，當然沒有放過配菜豐盛的滷排骨飯，將食物一掃而光後只剩油亮亮的空盤。

玉山主峰步道

第七日。將用不到的裝備寄放在東埔山莊，和呆呆輕裝上山，打算回程再來取物。出發時的天氣依然晴朗，剛開始備受折磨的高溫，在海拔兩千多公尺的塔塔加已不復在，氣候變得舒爽宜人，空氣品質也不錯，如果行進的體能狀況不錯，打算在抵達排雲山莊後一鼓作氣登上主峰。

在排雲登山服務中心簡單驗過證件後，停在一旁的接駁車司機將手舉高，示意要我們過去搭車。我忍痛拒絕，在心裡默默對他喊話：慢著、慢著，明天下山肯定就會搭車了[*39]。

往登山口移動時，車道會經過一株百年大鐵杉，據估樹齡有六百至八百年之久，每次到塔塔加都想要走到樹旁好好欣賞它巨大的身軀，卻總是在搖搖晃晃的接駁車上和它快速擦身而過，這次用走路的方式總算能仔細看看這棵見證歷史的大樹。我站在離樹一大段距離的地方，抬頭仔細觀察古樹參天的全貌。泰雅族人稱臺灣鐵杉為「YAPA」，意思是父親；而另一株在司馬庫斯的紅檜神木則稱為「YAYA」，意思是母親。德國保育生態作家彼得・渥雷本在

《樹的秘密生命》說明，所有大樹在變老之後都會逐漸停止長高，因為根莖輸送系統沒有力氣把養分送到頂端了，所以樹木停止長高後會開始發胖。這種生長趨勢在臺灣山區的巨型紅檜很常見，但是在塔塔加的大鐵杉卻看不到發胖的跡象，也許它還算「年輕」，所以依然生氣盎然地展開枝葉，像一把大傘，屹立在車道的轉角。

美國詩人惠特曼曾為文寫道：「老樹本身就是地球的殿堂，無須人為的修飾，老樹就是廟宇。」仰望老樹，就像仰望一座古老的遺跡，但遺跡沒有生命，大多只能感受靜止和死寂。樹木不同，在死去之前仍奮力伸展枝葉根莖，而即使死後也能成為孕育的載體或肥料，繼續將另一個新生命傳承下去。我們照例走到樹旁摸摸它、抱抱它，感受老樹傳遞的生命力和脈動，也藉由這個互動的機會好好調整進入玉山的思緒。

在我們居住的公寓一旁有座綠意盎然的小公園，裡頭有簡單的遊樂設施，常常有父母親帶著小朋友在那玩耍，附近的鄰居也多在那邊遛狗，是鬧中取靜的一塊小天地。從我們大樓

39　從排雲登山服務中心往登山口的柏油路段，多數人會選擇付出單趟一百元新臺幣的車資，搭一段接駁車省去三公里的距離。

後門可穿越那座公園到熱鬧的大街上，只是多數人選擇踏過草皮，取最快捷徑銜接人行道，所以便在綠色的草地上用雙腳劃出一條清晰的土路，光禿禿地不是很美觀。如果仔細觀察，不管在城市或荒野，人們總是會找出一條最有效率的路徑——畢竟道路，就是為了縮短到達目的地的時間而生，人類或動物會自動走出一條優勢路徑。後來隨著捷徑不斷擴大，周圍的草皮也漸漸被足跡摧毀殆盡，過了好一陣子，那條被踏出的捷徑總算由公單位鋪上石磚，成為一條既定的小徑通往大街，往後再也沒有人會踏上旁邊的草皮（雖然早就死光了）。而說也奇怪，後來我們也都只走那條鋪好的道路，很少再花時間探索公園的其他角落。

徒步樟之細路時，在關西的羅屋書院看見遠方國道三號上的車潮，一輛接著一輛快速通過，錯過觀賞書院前那一大片美麗農田的機會。我發現自己正從公園角落的視角觀察這一切。**這邊很美，請不要錯過，慢一點、慢一點，轉個彎過來看看好嗎？**那條高架快速公路，就像公園裡鋪好地磚的捷徑，有效率有速度，完全不是壞事，卻少了很多探索四方的樂趣。

記得前一天走進幽暗陰冷的東埔隧道，在沒有人行空間的漆黑隧道必須開啟頭燈，裡頭的低溫讓人冷得發抖，透過頭燈照射可以清楚看見呼吸冒出的白煙，我們戰戰兢兢地留意四周和腳下的踏點，在安靜得讓人害怕的隧道裡，突然聽見類似老鼠聚集一塊發出的吵雜聲，我擔心四竄的鼠輩從腳邊溜過，連忙低頭探照卻不見任何東西的蹤影，等到下一秒聽見翅膀拍動的細微聲響，抬頭一看，才發現一大群黑色的蝙蝠倒掛在隧道頂部。蝙蝠對我來說並非可愛的生物，但那驚鴻一瞥的接觸，因為帶有由雙腳賦予的特許成分，因而顯得深刻、獨特又私密。那一刻，受到騷動的不只是蝙蝠，也包含我的心靈。

離開大鐵杉，在路上我反覆回想前幾天的經歷。這次徒步之旅我們試著溝通「你家就是登山口」這個概念，期望落實「走出家門即戶外」的精神。但初衷並非要鼓勵大家都往臺灣的最高點前進，或者非得要往山裡走。透過這計畫想傳遞的精神很簡單：走出家門，去公園、去散步、去離家最近的山頭、去沒到過的地方探索，用不一樣的速度。也許日常風景依然無趣，但如果沒有走這一遭，也許永遠沒有機會察覺平凡之中的不平凡究竟身在何處。

只是不曉得為什麼，歷經前天的感動和昨日的興奮，實際走上玉山步道反而沒有太大的心情起伏，甚至有點意興闌珊，提不起勁。可能是疲勞已經累積一週了，或是海拔變高、天氣變冷，總之走起來有氣無力、垂頭喪氣，甚至萌生乾脆在排雲睡一晚就直接下山的念頭。所以在途中便放慢腳步，放棄快速登頂的念頭。

走到排雲的時間還早，找到床位後將睡墊和睡袋鋪好窩在裡頭休息。什麼事情都不想做，厭倦感油然而生，我不曉得究竟發生什麼事情導致這樣的結果。或許是目標已近在眼前，若沒有特殊狀況發生，登頂乃勢在必行的成果，這因此削弱了臺灣最高點的召喚力；又或者是潛意識作祟，讓我對既定路線的反抗產生了反抗。

這次的徒步計畫是個小實驗，藉由自訂起點終點去鬆綁道路的界線，因此我並非走進一座山嶺或一片樹林，而是走進我內心的地景。所以即便走在有名有號的公路、山徑，我雙腳踏出的步伐依然建構在自己的意志，於是無數人都踩過的路徑變成地圖上的空白，我便擁有探勘自我的權力與能力。如此一來，限制自由的制式道路反而賦予了自由，我不僅走進山裡，也從山裡出走。若再進一步深入挖掘「從零開始」的核心意義，可以說無論何處都是起點也都是終點，這才是握有選擇，這才是無拘無束。世界何其廣大，人生不是只有一條道路，也並非只有一個終點，因此是否走到山頂彷彿已變得無足輕重。

思緒如雲霧翻騰，悠閒的午睡時光變得討厭。這時寢室裡的室友陸續進駐，毫無意外又是一陣喧嘩，此起彼落的細語和整理背包的窸窣聲在空曠的室內迴盪。側耳旁聽，發現是一群來自花蓮的自組隊，隊伍裡有位長輩被眾人喚為大爺，聲音健朗宏亮，一行人對隔天清晨攻頂主峰滿懷期待，於是輕聲細語逐漸升級成七嘴八舌的熱烈交談。我十分能夠理解這種心情，所以將頭探出溫暖的睡袋，小聲提醒大家可以稍微放低音量並表示感謝，其中一位阿姨表達歉意後室內再度恢復寧靜。

晚餐時段，和幾位剛認識的新朋友在餐廳聊天，彼此交換許多關於生活與登山的見解。早先厭倦、煩躁的心情在輕鬆的言談間逐漸平復，心想或許這一切並沒有那麼複雜，我決定把原因歸咎為單純的身心疲倦，好好睡一覺，天亮後上山看看風景，讓走路協助停止思考。

第八日。凌晨三點起床吃早餐後，為了養足精神，我跟呆呆馬上回臥室睡回籠覺，也藉此避過在山上等待日出的人潮。清晨五點，整裝後戴上頭燈摸黑出發。往主峰的路徑每走一次，彷彿距離就縮短一些，很快地走到視野開闊的之字路段。抬頭仰望人群成列的燈光，一個一個消失在山壁後方，想必是抵達風口，正要進入最後一段攀升。

六點，太陽漸漸從身後升起，主峰尖端三角形的影子被拉得好長好長，在粉紅色的天際形成一道有趣的幾何形狀，像是《月之陰暗面》（*The Dark Side of the Moon*）專輯封面那道被三角稜鏡折射的彩光。我看不見來時坍方的公路，也看不見啟程時令人傷心欲絕的海岸，天色漸漸光，山頂的視野是如此無瑕，和雪白的冰原一樣將所有好壞覆蓋，自平地以外獨立自成一格的世界，語言、文字和空氣都一同變得稀薄。

不多久，粉色的天空變成淺淺的藍色，表示迷人的金色曙光已經消逝。這時人已走到風口，開始有大量下山的人潮，我和呆呆耐心等待大家通過。這時我眼尖發現同寢室的隊伍身影，被尊稱為大爺的老先生在其他人的攙扶下緩緩走下一塊石階，表情看起來有些倦容，但與旁人精神奕奕的談話讓人覺得朝氣十足。主動打了一聲招呼，詢問是否順利登頂了呢？這時才知道，原來這支隊伍是為了一圓大爺登上臺灣最高點的夢想而組成。大爺拖著不太俐落的身軀，手裡拄著登山杖，氣喘吁吁地停下和我交談。他告訴我，登玉山一直是他人生最想做的事情，但是年紀大了身子越來越差，想趁不能走動之前了結這項多年未完的心願。

他的眼神散發征戰勝利的光輝，讓他能夠暫時掙脫行動不便的軀殼，回應崇山峻嶺對他的牽引。突然一股暖意通過我的身體，我決定將這份暖意奉還，於是伸出雙手擁抱大爺向他恭喜。在這一刻，形式與意義無足輕重。

路啊，我曾厭煩過你。

而今，你引導著我。

七點，山頂的風壓很強烈，人無法好好站穩，我坐在主峰石碑，聆聽心裡震耳欲聾的寧靜。領悟如果安靜是一種聲音，那透明也是顏色，而零並不等於無。仰望天空，往上再無可攀之處，只剩無法觸碰的空氣和薄雲。我知道，該是回家的時候了。

折返

若按照正確時序，南美洲是本書截稿前的最後一趟旅行。結束秘魯和智利兩地後，尚有為期約十天的時間會待在阿根廷境內，預計到查爾騰（El Chaltén）停留五天將費茨羅伊峰周圍的步道走完，接著返回卡拉法特（El Calafate）看冰河、走冰川，最後才會從布宜諾斯艾利斯飛返臺灣。雖然時間還是不夠充裕，無法將想看的風景看完，但能夠親臨巴塔哥尼亞最具代表性的費茨羅伊峰已感到心滿意足。

離開沒有任何收訊的百內國家公園，等到巴士返回納塔萊斯港，手機重新連線後才無預警得知一個晴天霹靂的壞消息。幫忙擔任貓咪保姆的朋友說家裡的阿貓狀況不大對勁，樣子很虛弱，活動力降低許多，連平常愛吃的罐頭也沒動口。當晚協請朋友幫忙送醫，他答應返家後隔天一早立刻帶她進醫院檢查。在未獲得進一步的檢驗報告前，我們按照原定計畫，抱著極度忐忑不安的心情移動至查爾騰小鎮。南美與臺灣的時間日夜顛倒，每一分鐘的等待都是煎熬，一抵達鎮上的旅館，我們立刻用微弱的無線網路訊號與動物醫院聯繫。醫生初步診斷阿貓是急性腎衰竭，情況很不樂觀，能不能撐過這次關卡，接下來兩天是重要關鍵。

阿貓已經十九歲，換算成人類的年齡大概也有一百歲左右，是個老奶奶了，但她平常在家的活動量很大，跳上跳下像隻年輕小貓，我常開玩笑這隻九命怪貓肯定可以活到一百歲。萬萬沒想到，她竟然會在我們百內健行失去訊號的那幾天病倒，而且事先沒有任何徵兆。

聽完醫生語重心長的病情分析，當下我們立刻決定取消後面所有行程，連忙訂機票、改機票，希望能用最快的時間返回阿貓身邊，無論如何，至少讓我們有最後一次抱抱她的機會。但巴塔哥尼亞真的離臺灣太遠，熬夜安排好所有變更的行程後，還得足足等上兩天才能啟程，而從小鎮離開後，還得再歷經三天飛行加轉機的時間才能順利返家。

抵達查爾騰小鎮的隔天是一陣狂風暴雨，無法收拾的心情隨著枯葉散落一地。好不容易跨越天涯海角來到這裡，念茲在茲的費茨羅伊峰就在眼前，我們卻完全沒有心情往外踏出任何一步。確定機票和所有行程完成更動的半夜，電話鈴聲響起，我們從床上驚醒，接著快速跑到訊號最好的旅館大廳，透過視訊，看見阿貓虛弱地躺在毛毯上幾乎一動也不動。呆呆哭著對阿貓說話，告訴她如果真的覺得很辛苦就安心走吧，但其實我們一點都不希望她離開身邊。話說到一半的時候，醫生開始幫她心外按摩，眼看阿貓雙眼漸漸失去光輝，我噙住的淚水終於潰堤，幾秒鐘後醫生停手，他淡淡宣告阿貓已經離開了。但在我眼裡看來，她只是睡著了呀。

阿貓從小跟著呆呆長大，個性倔強，脾氣有些古怪，很少親近呆呆以外的人，常常伸手

要摸要抱都會被她的爪子嚇阻，一直到這兩年我才敢將阿貓緊抱在懷裡，即使她仍是百般不願，沒過一會兒便急著掙脫，但發現她時常盯著我看，眼神也變得溫柔許多。有人這麼說過：「你永遠不會擁有一隻貓，而是一隻貓向你宣告主權。」原來不知不覺，阿貓已經默默接納我成為她的家人，用一種很獨特又霸道的方式。但在阿貓眼神黯淡的那一刻，她又再次成功掙脫了，彷彿能夠聽見她瀟灑離去時四腳輕輕著地的聲音。

回想在前往查爾騰的四十號公路上，我用肉眼體會了何謂無窮無盡的美，拚了命想要記住巴塔哥尼亞的每一個片刻和畫面，卻發現這世界的風景是何其遼闊與巨大，怎麼可能盡收眼底？驚覺過去經歷的一切僅是滄海一粟，而眼前還有一個浩瀚無垠的宇宙，於是感到一陣恐慌。但下一秒又突然頓悟，不是世界太大來不及探索，而是自己存在的時間太短。

「像山一樣思考」是《沙郡年紀》書裡由李奧帕德所寫的一則短篇寓言。敘述當一聲深沉的狼嚎在暗夜迴盪，山谷裡的生物豎起耳朵，各自產出對於生存價值的不同解讀。然而他認為「只有亙久存在的山，可以客觀地傾聽狼的嚎叫。」只有山，才擁有足夠的時間理解山知道的事情。是這樣嗎？追根究底，山並非恆久不變，它有四季變化，它會崩塌，它不會一直都在。只是若對比肉體存在的時間，山的確是相對永恆的鐵證。不過，要是假設生命能夠延續一萬年，甚至億萬年，那麼親眼見證大山從深淵拔起後復歸於平地也不再是難事。然而生命的可貴之處便在於它有到達的極限，悔恨和遺憾都是讓生命更曼妙的佐料。如果生命能與永恆並存，那便沒有永恆的存在與價值。

理解自然的疆界是受制於生命的極限後，我豁然開朗了。安地斯山脈的長度、亞馬遜河域的寬度，還有巴塔哥尼亞的廣度，看似無邊無際的一切都能量化，只有生命無法計量，只有生命無法預測它的起源、過程和盡頭。

醒來的清晨，揉揉腫脹的雙眼，呆呆說走吧，我們帶阿貓去爬山，現在她自由了，想去哪裡就去哪裡。於是我們走進費茨羅伊的步道，走入滿山秋色看見最美的風景，最後踏上歸途。

回家後一段時日過去，在某天午後的某個時刻，我終於理解流浪和旅行的不同。流浪的人沒有家，或者無法回家、不想回家。但旅人終究會返回家鄉，返回有牽掛的地方，一旦踏出家門，無論中途去了哪裡，實際上或心境上，最後一段旅程永遠會是折返回到最初的起點。

折返

山徑、公路與鐵道，往復內心與荒野的旅程

文　　字　楊世泰
攝　　影　戴翊庭
插　　畫　川貝母
封面設計　戴翊庭
內頁排版　黃畇嘉
責任編輯　王辰元

發 行 人　蘇拾平
總 編 輯　蘇拾平
副總編輯　王辰元
資深主編　夏于翔
主　　編　李明瑾
業　　務　王綬晨、邱紹溢
行　　銷　廖倚萱

出　　版　日出出版
住址：台北市復興北路333號11樓之4
電話：（02）2718-2001　傳真：（02）2718-1258
發　　行　大雁文化事業股份有限公司
住址：台北市復興北路333號11樓之4
電話：（02）2718-2001　傳真：（02）2718-1258
讀者服務信箱：andbooks@andbooks.com.tw
劃撥帳號：19983379
戶名：大雁文化事業股份有限公司

初版一刷　2023年6月
定　　價　520元

I S B N　978-626-7261-51-4
I S B N　978-626-7261-50-7（EPUB）

國家圖書館出版品預行編目(CIP)資料

折返：山徑、公路與鐵道，往復內心與荒野的旅程 / 楊世泰，戴翊庭著. -- 初版. -- 臺北市：日出出版：大雁文化事業股份有限公司發行，2023.06
面；　公分
ISBN 978-626-7261-51-4（平裝）
1. 旅遊文學 2. 世界地理

719　　112007919